I0117397

Anthropologie de l'anglicisation

Pierre Frath

© Pierre Frath
Éditions Sapientia Hominis, Reims, 2019
http://www.sapientia-hominis.org
Tous droits réservés
ISBN 978-2-9500182-2-9

Je tiens à remercier toutes les personnes qui m'ont aidé à écrire ce livre, en particulier les membres de l'Observatoire européen du plurilinguisme, une association dont je fais partie et qui se bat pour le développement de l'usage et de l'apprentissage de toutes les langues. Merci aussi à tous ceux qui l'ont relu d'un œil critique avant sa publication et qui m'ont fait part de leurs avis et de leurs suggestions.

Pierre Frath

SOMMAIRE

INTRODUCTION

« Ce n'est qu'à partir du XIVᵉ siècle qu'il s'est fait en France une langue commune : les dialectes sont passés alors à l'état de patois, n'ayant plus de culture littéraire et ne servant plus qu'aux usages de la vie commune ». *Dictionnaire de la langue française*, Littré, Paris, 1873, préface p. XLVI[1]

"Europe adopted English as a common language in the XXIˢᵗ century. National languages were subsequently less and less used in the production of knowledge and in the economy. Their international appeal dwindled and European educational systems phased them out as foreign languages. In most countries, national languages were replaced by English as the main medium of education". *Dictionary of the English Language*, Webster's-Littré, New-York, 2173.

L'anglais est la langue maternelle et d'usage des pays qu'on regroupe sous le terme d'anglo-saxons, c'est-à-dire les États-Unis d'Amérique, le Royaume-Uni, le Canada, l'Australie, l'Irlande et la Nouvelle-Zélande. Ils comptent environ 400 millions d'habitants, considérés comme des locuteurs natifs de l'anglais, c'est-à-dire qu'ils ont appris cette langue dans leur famille, ou bien, dans le cas des immigrants, à l'école ou de manière informelle. A ces pays, il faut ajouter ceux dont l'anglais est une langue officielle parmi d'autres, généralement d'anciennes colonies britanniques en Afrique (Tanzanie, Kenya, Zimbabwe, etc.), en Asie (Inde, Pakistan, etc.), ou

---

[1] Cité par Paul Piémont1981 (p. 47). L'épigraphe qui suit est une adaptation du texte de Littré, fictivement placée en 2173.

des pays et des régions où l'influence britannique fut prépondérante, comme Malte, Chypre ou Hong-Kong. L'anglais y est très répandu et très utilisé, sans qu'on sache toujours si les personnes qui le parlent l'ont appris dans leur milieu familial, à l'école ou bien de manière informelle. On peut sans doute ajouter aux 400 millions de natifs des pays anglo-saxons plusieurs dizaines de millions de locuteurs natifs appartenant à ces pays anglophones, ainsi que des centaines de millions de non natifs, c'est-à-dire des personnes dont l'anglais n'est pas la langue maternelle. La langue anglaise est également apprise au-delà de ces zones traditionnellement anglophones, dans tous les pays du monde, où elle est très souvent la première langue vivante à l'école. On estime au total que l'anglais est une langue apprise par environ un milliard et demi de locuteurs non natifs. Elle est ainsi parlée plus ou moins bien, de manière native ou pas, par presque deux milliards de personnes dans le monde, soit à peu près un tiers de la population totale. Et cette proportion s'accroît d'année en année. L'anglais est ainsi ressenti comme la langue la plus utile dans le monde, celle qui permet de communiquer avec une bonne partie de l'humanité.

A titre de comparaison, le français est parlé de manière native ou non native par environ 280 millions de personnes dans le monde, parmi lesquelles environ 110 millions de natifs, 60 millions de non natifs qui utilisent le français quotidiennement, et une centaine de millions de personnes qui l'ont étudié à l'école ou ailleurs et le maîtrisent à divers degrés. Il se place au 5ème rang des langues les plus parlées dans le monde, selon certaines estimations, et comme 116 millions de personnes l'apprennent à l'école ou dans des instituts de langue, le français est aussi une des langues les plus apprises. Selon certaines estimations, le nombre de locuteurs du français pourrait atteindre les 850 millions ou plus à l'horizon 2060, essentiellement par une augmentation du nombre de locuteurs en Afrique, mais pas seulement, car le français est une des deux langues parlées sur tous les continents, l'autre étant l'anglais. Si ces prévisions se réalisent, le français pourrait être la troisième langue au niveau mondial, après l'anglais et le chinois. On verra plus loin que cette évolution favorable de notre langue va largement dépendre de l'attitude de la France par rapport à l'anglais.

Un certain nombre de pays se sont regroupés en une *Organisation Internationale de la Francophonie* (OIF), en tout 84 pays parmi lesquels 54 membres de plein droit, 4 membres associés et 26 observateurs, soit plus de 900 millions d'habitants répartis sur les cinq continents représentant 14 % de la population mondiale. Mais l'appartenance d'un pays à l'OIF ne signifie pas que sa population soit forcément francophone. La Bulgarie fait partie de l'OIF, mais le français y est peu pratiqué et peu appris. Inversement, un pays fortement francophone comme l'Algérie n'est pas membre[2]. Si le français est ressenti comme très utile dans la partie francophone du monde, voire incontournable, il permet aussi de communiquer partout ailleurs avec les francophones non natifs qui l'ont appris dans leurs pays souvent par dilection personnelle ou par tradition familiale. Ils sont moins nombreux que les anglophones non natifs, mais ils appartiennent souvent à l'élite cultivée de leurs pays. Ce sont fréquemment des francophiles passionnés, grands connaisseurs de la culture française, qui passent leurs vacances dans ce pays et y envoient leurs enfants pour y faire des études.

Une grande partie des locuteurs non natifs de l'anglais ont appris cette langue dans les systèmes éducatifs de leurs pays, publics ou privés, ce qui signifie qu'un investissement considérable a été effectué en sa faveur. Cet apprentissage massif est à la fois cause et conséquence du développement de l'anglais : plus le nombre de locuteurs augmente, plus la langue est attractive, et plus elle est attractive, plus le nombre de personnes désireuses de l'apprendre augmente. Un cercle vertueux s'est mis en place au profit de l'anglais. Son développement va de pair avec celui de l'influence culturelle des pays anglo-saxons, en particulier celle des États-Unis. Le coût de l'effort en faveur de l'anglais a été compensé par des économies faites sur l'enseignement d'autres langues comme le

[2] Les informations sur le français proviennent du site de l'OIF.

français ou l'allemand, jusqu'à récemment au même niveau que l'anglais dans beaucoup de pays.

Dans ce livre, on appellera « anglicisation » le phénomène qui consiste à adopter l'anglais comme langue d'usage principale en lieu et place de la langue locale dans certains domaines de la vie publique, en particulier dans la production des biens, des connaissances et dans la culture populaire (cinéma, musique, média, arts, etc.). Les causes et les conséquences de cette tendance seront examinées. On verra aussi que si le développement d'une *lingua franca* de communication possède de nombreux avantages, l'anglicisation, en revanche, présente essentiellement des inconvénients, en particulier pour un pays comme la France. Le plus frappant est que ces conséquences négatives passent quasiment inaperçues du plus grand nombre, y compris parmi les universitaires, les chercheurs et les cadres d'entreprise, à l'avant-garde de l'anglicisation. Les argumentaires en sa faveur seront examinés dans ce livre, mais le fait est qu'elle s'impose le plus souvent sans qu'il soit besoin d'argumenter longuement : elle se fait spontanément, dans l'inconscience collective, ce qui est sans doute le signe qu'il se passe quelque chose de subliminal au niveau anthropologique. C'est l'étude de ce phénomène qui sera le sujet de ce livre.

Les changements de régime linguistique sont effectivement des événements banals à l'échelle du monde et de l'histoire. L'anglicisation sera examinée ici par rapport à des situations similaires passées et présentes, d'un point de vue à la fois anthropologique et historique. Une telle mise en perspective pourrait en effet permettre de mieux comprendre les phénomènes en jeu, d'en percevoir les conséquences lointaines, de faire des choix éclairés et conscients, et ainsi de concevoir des solutions politiques et culturelles qui permettraient à l'Europe et au monde de se développer sans abandonner ses langues et sa diversité culturelle. Quelques propositions en ce sens seront faites à la fin du texte.

L'analyse proposée ici concerne la domination et la soumission linguistique en général, mais avec un accent particulier sur le cas de la France dans le domaine de la recherche et de l'enseignement supérieur, où l'anglicisation risque d'être lourde de conséquences.

CHAPITRE 1

Ubiquité de l'anglicisation

Il peut sembler inutile de faire la liste des domaines touchés par l'anglicisation dans notre pays tant ils sont omniprésents et parfaitement visibles, mais voici tout de même quelques exemples pour montrer l'ampleur du phénomène, bien souvent ignoré ou minimisé, ou au contraire assumé comme une évidence.

Rappelons pour commencer que l'anglais est en train de terminer de détrôner le français dans les institutions internationales telles que l'Union Européenne, le Comité des Jeux Olympiques, les Nations-Unies, et bien d'autres, et cela sans que la France réagisse au niveau politique. Dans les institutions européennes à Bruxelles ou à Strasbourg, l'essentiel des travaux se fait en anglais alors même que les anglophones natifs sont minoritaires et qu'ils auront officiellement disparus lorsque les Britanniques auront quitté l'Union. Après le *Brexit*, l'anglais ne sera plus une langue officielle de l'Union, puisque les seuls autres pays anglophones, l'Irlande et Malte, ont choisi respectivement le gaélique et le maltais comme langues officielles.

Les textes qui régissent les institutions européennes prévoient pourtant que les travaux pourraient se faire également dans d'autres langues, notamment le français et l'allemand, mais la France a accepté sans grandes protestations que sa langue soit progressivement réduite à la portion congrue. Les sites web des institutions européennes sont généralement d'abord écrits en anglais, avec ensuite des traductions en français et dans d'autres langues, souvent incomplètes et aléatoires, ce qui signifie que les informations disponibles en anglais ne le sont pas forcément dans les autres langues. Mais il semble que la situation évolue quelque peu dans le bon sens. Christian Tremblay[3] a publié un décompte précis des évolutions dans l'usage des langues sur la plateforme *Europa* et on y perçoit une domination légèrement moindre de l'anglais depuis qu'une nouvelle Commission a été mise en place[4]. Il note que si les textes sont publiés d'abord en anglais, c'est parce qu'ils sont rédigés dans cette langue. Mais l'anglais cessant d'être une langue officielle après le *Brexit* (s'il aura finalement lieu), il semble difficile qu'elle demeure la langue de travail unique de l'UE. Il est peu probable toutefois que les institutions européennes suppriment totalement l'usage de l'anglais, tant cette langue est bien installée dans les rouages administratifs et les mentalités. Il est plus que probable que des expédients juridiques seront trouvés et que l'anglais continuera à être utilisé massivement, sauf si la France et l'Allemagne mettent leur poids dans la balance. Le feront-elles ? Rien n'est moins sûr.

La publicité « communique » de plus en plus souvent en anglais, avec de la musique anglo-saxonne à l'arrière-plan, en particulier dans le domaine de la technologie, laissant le français aux produits traditionnels et à la gastronomie. Le message subliminal est que la modernité est en anglais. Le français est la langue d'une certaine tradition, bien sympathique et de qualité, mais la tradition est par définition tournée vers le passé. L'avenir est ainsi écrit en anglais dans l'esprit des « communicants » et des consommateurs auxquels ils s'adressent.

---

[3] Christian Tremblay est le président de l'*Observatoire européen du plurilinguisme* (http://www.observatoireplurilinguisme.eu/fr/), dont je suis membre du Conseil d'administration et du Conseil Scientifique. Je ferai de nombreuses références au travail de cette association dans la suite du texte.
[4] Éditorial de *La Lettre de l'OEP* de janvier 2017.

La domination de l'anglais dans la publicité n'est pas encore totalement installée, cependant. Certains slogans jouent sur une ambiguïté lexicale ou syntaxique entre l'anglais et le français, ainsi *Motion & Emotion* chez Peugeot, des mots qui existent dans les deux langues, encore qu'avec un sens différent pour *motion*, qui signifie *mouvement* en anglais et *texte soumis à approbation dans une assemblée* en français. L'ambiguïté nécessite toutefois quelques aménagements typographiques : la majuscule dans *Emotion,* qui permet de faire l'impasse sur l'accent aigu, et l'usage de la perluète (&) en lieu et place de *et* ou de *and*. Chez Citroën, le slogan était jusqu'à récemment *Créative Technologie*, avec une orthographe française assumée mais avec un ordre des mots anglais. C'est le signe sans doute que les communicants ne pensaient pas que le marché français soit tout à fait mûr pour une anglicisation totale de la publicité, du moins pour un produit aussi emblématique que l'automobile, issue d'une longue tradition technologique et industrielle où notre pays a été pionnier. Ils ont apparemment changé d'avis puisque le nouveau slogan est *Inspired by you.* La publicité pour les jus de fruits Oasis suggère une autre raison pour ce mélange entre le français et l'anglais, à savoir le défaut de maîtrise de l'anglais par la plupart des consommateurs. Le mot *fruit* de son slogan *Be fruit* est prononcé à la française, car les communicants de la marque ont sans doute supposé que les consommateurs n'en comprendraient pas la prononciation anglaise. En cela ils ont bien raison : si l'on en croit les diverses études européennes sur les langues effectuées ces dernières années[5], la connaissance de l'anglais par nos concitoyens, et celle des autres langues d'ailleurs aussi, est très superficielle.

On voit aussi des jeux de mots franco-anglais assez pauvres comme *Supplay* pour une entreprise de travail temporaire (*suppléer*), *Major d'Home* pour des appareils domestiques, ou le site de rencontre *Meetic*, du verbe *to meet* (*rencontrer*) et de l'adjectif *mythique*, un mot-valise dont on ne comprend pas le pourquoi mais

---

[5] Par exemple, la « First European Survey on Language Competences », *Final Report,* April 2012 (http://ec.europa.eu/languages/eslc/index.html).

qui plaît, semble-t-il. Les références culturelles des magazines pour jeunes femmes (et pour les jeunes en général) sont presque toutes prises dans la culture populaire américaine, et les textes écrits par les journalistes sont truffés de mots anglais. En voici quelques-uns relevés dans le magazine français *Glamour* : *eye contact, make up, glossy, lipstick* (alors qu'en anglais on peut dire *rouge*), *fashion question, cosmic trip, dressing, le look du mois,* etc.

Les noms de parfums, ce produit typiquement français, sont souvent en anglais, et lorsqu'ils sont en français, ils sont promus, comme les autres, à l'aide de publicités en anglais et des acteurs américains. Pour avoir une idée de la situation dans ce domaine, j'ai fait une petite enquête dans un magasin de Reims spécialisé dans les cosmétiques, *Séphora*, le 4 octobre 2017. J'ai relevé les noms de tous les parfums pour femme de marque française proposés ce jour-là, comme *Chanel, Dior, Yves Saint-Laurent, Kenzo*, etc. Sur les 92 noms relevés, 49 étaient en français (comme *N°5* ou *La petite robe noire*), 19 en anglais (comme *Love story* ou *Black Opium*), 10 étaient des noms propres autres que le nom de la marque (comme *Anaïs Anaïs* ou *Gabrielle*), 2 étaient d'autres origines (comme *Aqua Allegoria*), et enfin, 12 étaient mixtes français-anglais, soit par le choix de mots qui existent aussi en anglais (comme *Source* ou *Allure*), soit par la combinaison de mots anglais et français (comme *L'Instant Magic, Hot Couture* ou *Very Irrésistible*).

On remarque que beaucoup de parfums aux noms français sont des classiques, comme *N°5* ou *Ô de Lancôme*. Les noms anglais et mixtes semblent en revanche nommer des parfums récemment mis sur le marché. Certains noms composés sont des déclinaisons en anglais de noms français, comme *Trésor in Love* et *Trésor Midnight Rose*, ou *J'adore* et *J'adore (in Joy)*, ou encore *Opium, Black Opium, Black Opium Flower Shock* et *Black Opium Nuit Blanche*. Il semble donc que les responsables du marketing soient tentés par l'anglicisation des noms de parfums, mais qu'ils hésitent à le faire totalement. Ils conservent les noms français des parfums classiques, car les modifier leur ferait perdre leur clientèle de fidèles, qui ne les reconnaîtraient pas. En revanche, ils semblent avoir abandonné l'idée de tabler sur la réputation de la France comme producteur de parfums de qualité (*La petite robe noire* de Guerlain est une exception), et préfèrent alors des noms soit en anglais, soit mixtes pour tenter de jouer sur les deux tableaux : toucher la clientèle qui associe encore la France au luxe, et celle dont ils pensent qu'elle ne le fait plus. Ces pratiques sont-elles fondées sur des analyses sociologiques sur l'image de la France, ou bien les gens du marketing ne font-ils que suivre l'air du temps ? Il est difficile de le dire, mais la seconde hypothèse semble plus probable : pourquoi les communicants dans ce domaine auraient-ils des motivations plus scientifiques que les autres pour angliciser ?

Nul doute que l'un ou l'autre publicitaire ne finisse par oser une campagne entièrement en anglais qui fera alors le *buzz*[6] dans le Landerneau.

Les objets nouvellement créés par les entreprises françaises sont presque toujours baptisés de noms anglais ou qui évoquent l'anglais, comme les voitures *kangoo, twingo, scenic*, le service web *wanadoo* du successeur de France Télécom, *Orange* (un temps prononcé à l'anglaise, *orinj*), et des produits innovants issus de la « French Tech », comme le purificateur d'air *Bloow*, de l'anglais *blow*, *souffler*, bien que ce mot soit imprononçable en anglais[7]. Il en va de même des noms d'entreprises, comme *Areva Nuclear Power,* qui a remplacé *Framatome*.

Les communicants anglomanes sont très actifs aussi dans la publicité institutionnelle pour les villes et les régions, avec des résultats parfois étranges. Voici quelques exemples : *Strasbourg the Europtimist - Only Lyon - Peace, Aisne, Love* (pour le département de l'Aisne) - *Are you Lim ?* (pour le Limousin) - *Isère any better place in the world ?* - et le plus comique de tous, *I Loches you,* pour la ville de Loches[8]. Passons sur la chanson populaire française souvent en anglais, ainsi que sur l'usage quotidien d'expressions

---

[6] La question des emprunts sera évoquée au chapitre 6.
[7] Information relevée dans les *Dernières Nouvelles d'Alsace* du 7. 01. 2017, page 17.
[8] Le nouveau slogan de l'Isère (2019), *Alpes IsHere*, approche toutefois le niveau comique de *I Loches you.*

comme *people, flashy, relooker, cool,* et surtout *Yes !,* à prononcer avec un mouvement de haut en bas de l'avant-bras dressé verticalement, le poing serré, comme si on tirait un signal d'alarme dans un train. Même les graffiti sur les murs sont en anglais. Et que penser du slogan en faveur de la candidature de Paris pour l'organisation des Jeux Olympiques en 2024 : « Made for sharing », inscrit en lettres lumineuses sur la Tour Eiffel. Les communicants ont voulu montrer la modernité de la France, désormais libérée du nationalisme étriqué dont on l'accuse parfois (surtout dans les pays anglo-saxons) et désireuse de rejoindre le « global village» où l'on célèbre en anglais la bonne humeur et la joie de vivre ensemble dans l'harmonie, le souci de l'autre et le partage (*sharing* !), comme dans une publicité pour Coca-Cola.

Si la publicité fait cet usage de l'anglais, c'est qu'elle estime, à tort ou à raison, que c'est porteur, que cela va pousser les consommateurs à préférer les produits anglicisés, surtout parmi les jeunes générations, exposées depuis l'enfance à l'idée d'une modernité en anglais. En Allemagne, il existe une boisson appelée *Jägermeister* (littéralement *le maître de chasse*), une liqueur très amère qu'on servait traditionnellement à la fin d'un repas assez lourd parce que la sagesse populaire tient que l'amertume facilite la digestion. L'emblème de la boisson est le cerf, qui évoque dans l'esprit des Allemands un certain romantisme forestier et alpestre, une vie au grand air dans des vêtements traditionnels (*Lederhosen* pour les hommes et *Dirndl* pour les femmes), et la chasse au cerf dans des forêts de sapins majestueux qui se termine par des agapes de viande et de charcuterie dans des chalets montagnards. Les ventes de cette boisson étaient en régression, surtout chez les jeunes, sans doute parce que le *Jägermeister* évoquait des modes de vie à l'opposé des idées modernes, plus écologiques et plus conscientes des questions de santé. La publicité a récemment ciblé les jeunes avec des clips vidéo mettant en scène le cerf dans des animations teintées de fantastique à la Harry Potter sur un fond de musique rock. Les ventes se sont améliorées, au point que le *Jägermeister* est devenue un produit phare à l'exportation, surtout aux États-Unis[9]. On a même vu de ce côté-ci du Rhin des affiches vantant la consommation de « shots » de *Jägermeister,* un terme en « new French » qui désigne un petit verre d'alcool fort. Les communicants de *Jägermeister* ont ainsi réussi à intégrer cette boisson dans une culture populaire anglicisée, très homogénéisée au niveau mondial, en s'adressant aux jeunes en anglais, pratiquement la seule langue qu'ils apprennent désormais à l'école, avec des références dans la culture populaire anglo-saxonne, dominante dans les média.

Les tatouages sont souvent en anglais. J'ai interrogé des jeunes gens sur le choix de la langue anglaise pour leurs tatouages, et curieusement, leurs réponses ont parfois révélé un certain snobisme. J'ai fait la remarque à un jeune homme qui portait l'inscription « Never back down » sur l'avant-bras qu'il aurait pu se faire tatouer « Ne jamais reculer » ou « Reculer ? (Moi ?) Jamais ! ». Il rejeta ma suggestion avec quelque condescendance : « Trop ringard », dit-il. A ma remarque que « Never back down » n'est pas immédiatement compréhensible par un angliciste de faible niveau, comme le sont la plupart de ses amis et connaissances, il me répondit que c'était justement là l'objectif, d'établir une connivence avec les *happy few* qui comprendraient. En outre, cela lui permet de valoriser dans la conversation le fait qu'il a passé quelques années à New York. En somme, son tatouage en anglais lui donne l'impression d'appartenir à une minorité courageuse (qui ne recule pas !) à la pointe du progrès totalement en phase avec le monde moderne, forcément en anglais.

Le plus curieux, c'est l'absence de réaction du public et des média à l'anglicisation : pas une émission, pas un documentaire, très peu d'articles dans les journaux, y compris dans la presse satirique, très peu de sketchs d'humoristes. Il y a bien quelques livres sur le sujet, tels ceux de Claude Hagège[10], mais malgré leur qualité, ils ne parviennent pas à toucher le grand public[11]. C'est surtout l'absence de moquerie qui est le plus troublant dans un pays où la satire

---

[9] Informations recueillies sur le site de *Jägermeister.*
[10] Voir la bibliographie à la fin du livre.
[11] Il faut sans doute blâmer les journalistes qui traitent Claude Hagège comme un phénomène de foire du fait qu'il est polyglotte.

mordante et l'ironie sont des valeurs sûres. Le phénomène n'est ainsi ni reconnu, ni commenté, ni moqué, contrairement au « franglais » des années soixante et soixante-dix, où un Etiemble[12], et à sa suite tous les puristes, tonnaient contre la bâtardisation de notre belle langue française avec des mots comme *footing* ou *pressing* (par ailleurs inexistants en anglais). Aujourd'hui, on dit *jogging*, *fooding* ou *cocooning* sans que personne ne fasse le moindre commentaire. C'est le signe qu'il se passe quelque chose de subliminal, quelque chose, non pas d'inconscient (il faudrait être aveugle et sourd pour ne pas percevoir l'anglicisation), mais qui travaille le corps social en profondeur. C'est l'étude de ce phénomène de nature anthropologique qui constitue le sujet de ce livre.

La suite du texte sera centrée sur les questions de recherche et d'enseignement supérieur, en particulier en France. On verra que l'anglais s'impose comme une sorte d'évidence qui empêche la reconnaissance des problèmes et des conséquences pour les langues locales, en particulier pour le français dont le statut international risque de se réduire considérablement, ce qui marginalisera notre pays dans le concert des nations. On a l'impression, parfois, que l'anglicisation relève du divin et entre ainsi dans le non dicible. La revue de didactique *Les Langues Modernes* a publié en 2014 un numéro sur « L'anglicisation de l'enseignement supérieur », coordonné par l'auteur de ces lignes. La rédaction de la revue n'a pas reçu une seule proposition argumentant en faveur de l'anglicisation, bien que l'appel à communication ait été rédigé de manière assez neutre et encourageait ses partisans à exposer leurs points de vue. C'est bien le signe que l'anglicisation est devenue une évidence qu'il est vain de discuter.

Tout le problème est là…

---

[12] Étiemble 1964.

CHAPITRE 2

Les pertes causées par l'anglicisation dans la recherche et l'enseignement supérieur[13]

Les argumentaires en faveur de l'anglicisation dans la recherche et l'enseignement supérieur sont bien rôdés, et effectivement, il y a quelques avantages à l'usage de l'anglais. Ils seront examinés dans le prochain chapitre. Mais en réalité, là comme ailleurs, l'anglicisation se fait spontanément, sans qu'il soit besoin d'argumenter longuement. Les conséquences en sont cependant infiniment plus dramatiques que dans la publicité par leur effet à moyen terme sur la capacité de la langue française à continuer de produire de la connaissance. Dans la plupart des laboratoires, la recherche est encore largement conduite en français jusqu'au moment de la publication, où les chercheurs sont souvent contraints d'écrire en anglais, parfois avec difficulté. Cette situation risque de se modifier rapidement, si, comme dans d'autres pays, l'enseignement supérieur se fait en anglais. L'anglicisation se déclinera alors avant tout en termes de pertes : pertes de terminologies, de domaines, de mémoire, de créativité, de qualité, d'indépendance, d'influence.

---

[13] Cet argumentaire est en partie repris de Pierre Frath 2011 et 2014.

Perte de terminologies et de domaines

Il y a tout d'abord la perte la plus évidente, celle des terminologies techniques et scientifiques. Les étudiants apprendront les terminologies anglaises et, même s'ils les connaissent encore en français, ils ne les utiliseront plus. Une telle évolution produit à l'horizon d'une génération ce qu'on appelle des pertes de domaines : les spécialistes des disciplines anglicisées ne seront plus capables de communiquer entre eux dans leur langue maternelle, qui aura de fait perdu ces domaines. On raconte l'histoire de ces doctorants italiens auxquels on a demandé d'expliquer leurs travaux dans leur langue devant le grand public, et qui furent incapables de le faire : ils ne pouvaient s'empêcher d'utiliser des mots et des expressions en anglais. Cela pose le problème de la transparence des sciences, du nécessaire contrôle démocratique sur l'activité scientifique, et de l'intérêt que le contribuable peut trouver à financer des activités dont il se trouve d'emblée exclu par l'usage d'une langue étrangère, ce qui peut conduire à un rejet des universités et de la recherche.

Mais cet argument est balayé par les partisans de l'anglicisation pour lesquels les difficultés actuelles ne sont que temporaires : elles disparaîtront dans une ou deux générations, lorsque tous les étudiants et tous les chercheurs maîtriseront la langue anglaise. D'où selon eux, la nécessité absolue d'enseigner l'anglais aussi tôt que possible dans la scolarité des enfants. Il y a donc bien un projet global lié à l'anglicisation, un projet, notons-le, qui n'a pas été exposé aux citoyens, et sur lequel ils ne se sont donc pas prononcés. Le changement s'installe par des décisions bureaucratiques prises dans les ministères, les universités, les centres de recherche et les grandes entreprises, qui sont les « consommatrices » des étudiants formés dans le pays.

L'exemple de la Suède et de la Finlande est instructif. La Suède a entamé son processus d'anglicisation il y a plus de cinquante ans, et l'inquiétude s'est installée quant à la capacité des Suédois d'utiliser leur langue pour parler de leurs connaissances[14] et les exprimer

---

[14] Cabau Béatrice 2014.

correctement à l'écrit. Le suédois fut une langue scientifique au XVIIIème et au XIXème siècle, avec un retentissement international suite à la notoriété de savants comme le naturaliste Carl von Linné, auteur d'une classification des espèces, et de l'astronome Anders Celsius, célèbre pour son échelle de températures, qui amenèrent les scientifiques étrangers à lire et à faire traduire les textes écrits en suédois. Cette langue fut utilisée dans la science en Suède et en Finlande, alors sous domination culturelle suédoise[15] avant d'être détrônée par l'allemand, puis par l'anglais. Le suédois perdure dans la vie quotidienne, et il est la langue d'une riche tradition littéraire et artistique, qui continue jusqu'à nos jours, avec un succès certain à l'étranger, en particulier dans le roman policier, un genre qu'on appelle le « polar polaire », et qui regroupe des auteurs scandinaves comme Camilla Läckberg, Stieg Larsson, Henning Mankell (suédois), Jo NesbØ, Jussi Adler-Olsen (danois), Kurt Aust (norvégien), Analdur Indridasson (islandais). Il y a aussi les feuilletons et films appelés « Nordic noir » en anglais, en référence au film noir français des années cinquante et soixante, avec des séries comme *Forbrydelsen (The Killing), Bron, Wallander, Millenium*[16], etc., dont le pessimisme et l'intensité dramatique contrastent agréablement avec l'optimisme conventionnel des séries américaines et la faiblesse des scénarios, des dialogues et du jeu des acteurs dans trop de séries françaises.

Cette intense activité créatrice se développe alors même que la production des connaissances se fait rare dans les langues scandinaves. Certains en tirent argument pour dire qu'au fond, ce n'est pas si grave que ça pour une langue de perdre ses terminologies et ses domaines. Il est vrai que l'écrasante majorité des langues du monde ne sont pas des langues scientifiques, c'est-à-dire qu'elles n'expriment pas toutes les connaissances qui construisent notre monde moderne technologique et scientifique[17]. Les locuteurs de ces

---

[15] La Finlande fut un Grand Duché relativement autonome rattaché à l'empire russe entre 1809 et 1918, mais le suédois continua d'exercer sa domination.
[16] D'abord des romans à succès de Stieg Larsson.
[17] Voir la classification *gnoséologique* des langues, c'est-à-dire leurs rapports avec

langues-là doivent avoir recours à une langue scientifique s'ils veulent participer à la construction de ce monde. C'est par exemple mon cas : je suis locuteur natif de l'alsacien, et j'ai appris le français à l'école. Si j'avais dû faire mes études exclusivement en alsacien (ce qui n'était pas possible, il faut le noter), je n'aurais pas pu penser et comprendre le monde moderne parce que la langue orale des paysans et des ouvriers alsaciens ne contient pas les dizaines de milliers de termes scientifiques d'une langue comme le français. Pour que l'alsacien puisse être utilisé dans les sciences, il aurait fallu faire un effort de néologie à partir de racines françaises et allemandes, mais on ne le fit pas, essentiellement parce que personne n'en voyait l'intérêt. Jusqu'à la Seconde Guerre Mondiale, c'était l'allemand qui était la langue scientifique en Alsace, et qui enrichissait en retour la langue populaire de termes techniques. La francisation de l'éducation rompit les liens avec l'allemand. Elle toucha toutes les générations d'après-guerre avec pour résultat l'affaiblissement de l'alsacien et sa disparition probable d'ici une ou deux générations. Il est encore le véhicule d'une riche production littéraire en poésie, et surtout dans le théâtre, et il reste pour quelque temps encore la langue du quotidien pour une minorité d'Alsaciens, mais il tend à être remplacé par un français teinté d'alsacien dans sa syntaxe, son vocabulaire et sa prononciation[18]. Le *fralsacien*, c'est ainsi qu'on le nomme, ressemble en cela à la langue anglaise pratiquée par les Irlandais et les Écossais, caractérisée par une prononciation tout à fait particulière, déroutante pour un anglophone qui n'en a pas l'habitude. Il semble bien que le résultat final d'un processus d'acculturation soit l'abandon de la langue locale au profit d'une forme modifiée de la langue dominante, telles les variétés d'anglais en Irlande et en Écosse, le bas-latin gallo-romain qui devait donner naissance au français, ou les variétés du français en Alsace, en Provence, en Bretagne, ou ailleurs. Les Écossais et les Irlandais, toutefois, éprouvent une certaine fierté nationaliste à parler ces variétés d'anglais, ce qui garantit sans doute

---

la connaissance, donnée à la fin de ce chapitre.
[18] Pour une étude plus détaillée, voir Frath 2010 : « Disparition des langues : le français subira-t-il le sort de l'alsacien ? ».

leur pérennité ; ce n'est pas le cas du *fralsacien*, qui est un marqueur d'appartenance aux couches sociales populaires, et qui est ainsi abandonné par ses locuteurs éduqués.

L'alsacien n'est pas dans la même catégorie que le suédois. Ce dernier dispose de tout un appareil pédagogique et linguistique qui permet de l'enseigner, et qui manque cruellement à l'alsacien. Les enfants suédois sont ainsi éduqués dans leur langue, avec un accès direct à leur histoire et leur riche production littéraire et scientifique. Le finnois, quant à lui, une langue essentiellement orale jusqu'au XIXème siècle, n'est devenu langue officielle en Finlande qu'en 1863, en plus du suédois, qui était jusque-là la seule langue de l'administration, de l'éducation et de la culture. Le finnois n'obtint un statut d'égalité réelle avec le suédois qu'à partir de 1892, entre autre parce qu'il fallut un certain temps pour produire l'appareil pédagogique et linguistique nécessaire à son enseignement. Il fut alors enseigné dans les écoles au même titre que le suédois, une situation inchangée jusqu'à nos jours. Les Finlandais sont ainsi officiellement bilingues, mais dans la réalité, le finnois l'a emporté et le suédois n'est plus parlé que par la minorité suédophone du pays, principalement dans les îles Aaland et sur la côte sud. Contrairement à l'alsacien, le finnois va probablement se maintenir et se développer en Finlande parce qu'il est devenu la langue de l'école.

Les scientifiques finlandais n'ont pas massivement produit de connaissances dans leur langue. Ils ont utilisé le suédois, puis l'allemand, et ensuite l'anglais. Pour eux, la question de la perte de terminologies et de domaines ne se pose pas : leur langue ne les a jamais possédées et il leur est naturel de recourir à une langue étrangère. Pour l'instant, c'est l'anglais ; si une autre langue le remplaçait un jour, ils ne s'en offusqueraient pas outre mesure. Pour ce qui est du suédois, le souvenir de la gloire passée se maintient en Suède, et la perte de domaines est souvent ressentie comme une évolution négative, d'autant plus qu'elle est probablement sans retour possible : les habitudes sont prises, les gens sont formés en anglais, et les universitaires anglophones en poste en Suède vont certainement résister à tout changement qui réintroduirait le suédois.

Qu'en est-il du français ? C'est une langue qui a conservé jusqu'ici tous ses domaines terminologiques et qui permet à ses locuteurs d'exprimer toutes les connaissances du monde moderne. C'est une des grandes causes de l'attraction qu'elle exerce sur les autres cultures. Elle est l'égale de l'anglais de ce point de vue, en même temps qu'une poignée d'autres langues comme l'allemand, l'italien, le russe ou l'arabe. Et tout comme l'anglais, elle est à l'origine de terminologies qui se sont imposées aux autres langues, y compris à l'anglais, parce que notre pays est un de ceux qui ont construit la modernité à partir du Moyen Âge.

Il me semble qu'avant d'abandonner les terminologies et les domaines à l'anglais, il faudrait prendre conscience de la perte irrémédiable que cela causerait. On parle beaucoup d'identité en ce moment, mais les Français risquent à leur tour de ressentir un déficit dans ce domaine lorsque leur langue aura perdu sa capacité à exprimer toutes les connaissances du monde. Un débat public est nécessaire. On ne peut laisser le destin de la langue aux mains de décideurs qui ne sont conscients ni des ressorts de l'anglicisation, ni de ses conséquences.

Perte de mémoire et de créativité

Les étudiants anglicisés abandonneront les bibliographies en français parce qu'elles seront vite obsolètes. Du coup, ils perdront aussi leurs propres traditions, et pourtant, même dans les sciences dites exactes et les mathématiques, les approches et les méthodologies varient souvent considérablement d'une langue à l'autre. Voici ce que dit Laurent Lafforgue, mathématicien français, lauréat de la médaille Fields[19] :

> « Les mathématiques sont quasiment la seule science où, en France, les chercheurs continuent à publier couramment leurs travaux dans notre langue. On a coutume de dire que c'est parce que l'école mathématique française occupe dans le monde une position exceptionnellement forte qu'elle peut préserver cet usage. Je suis persuadé que la relation de cause à effet est inverse ; c'est dans la mesure où l'école mathématique

---

[19] Lafforgue 2005 et 2016.

française reste attachée au français qu'elle conserve son originalité et sa force. *A contrario,* les faiblesses de la France dans certaines disciplines scientifiques pourraient être liées au délaissement linguistique ».

« La créativité scientifique est enracinée dans la culture, dans toutes ses dimensions - linguistique et littéraire, philosophique, religieuse même ».

« Dans notre monde industriel, nous pouvons penser que la science aussi est devenue industrielle et que nous autres scientifiques ne sommes plus que des techniciens interchangeables... Si nous pensons cela, le destin de la science française est clair : elle tendra de plus en plus à ne représenter dans la science mondiale que ce qu'autorise le poids démographique de la France, c'est-à-dire... un pour cent. Or ce point de vue est faux, ou plutôt il ne vaut que pour ceux qui y croient. Depuis toujours, la créativité intellectuelle a été le fait d'une proportion infime de la population dans quelques lieux privilégiés. On ne peut contraindre l'esprit à souffler à nouveau dans notre pays, aussi brillant qu'ait été le passé de celui-ci ; mais une condition nécessaire est de faire résolument le choix de la singularité, de l'approfondissement de notre culture, qui s'est tant distinguée au cours des siècles et dont le cœur est la langue française. Ainsi seulement garderons-nous une chance de rester ou redevenir originaux, de contribuer à la connaissance, et d'être au service de l'universalité ».

On ne saurait mieux dire. L'abandon du français dans les sciences constituera une perte mémorielle, qui se traduira par une perte de créativité scientifique. Les sciences sont un discours normé et contraint sur le réel, profondément ancré dans la langue ordinaire et la culture du peuple d'où elles sont issues. Il est possible d'acquérir des connaissances dans une langue étrangère simplifiée telle la variété d'anglais utilisée pour la communication internationale ; il est possible de les utiliser professionnellement, mais il sera difficile d'en créer de nouvelles, car elles seront coupées de la puissance métaphorique de la langue ordinaire et de ses nombreuses passerelles sémantiques et étymologiques[20]. Ainsi, un jeune Allemand auquel on enseignerait la physique dans sa langue maternelle apprendrait le sens en physique des mots de *Kraft* (force) et de *Strom* (courant), qui

---

[20] Guillaume Astrid 2010.

proviennent de la langue de tous les jours, et qui peuvent ainsi entrer en résonance avec d'autres mots pour éventuellement générer dans son esprit des analogies ou des métaphores, sources peut-être d'idées nouvelles. Si on lui enseigne ces entités en anglais, c'est-à-dire *force* et *current*, il pourra les utiliser dans le domaine de la physique, certes, mais ils seront coupés de la puissance métaphorique de sa langue maternelle. D'ailleurs, les peuples qui ont été créatifs dans les sciences l'ont toujours été dans leur langue, que ce soient les Grecs, les Romains, les Arabes, et même en Europe, où la science ne s'est réellement développée que lorsque les différentes nations ont abandonné le latin, la *lingua franca* du Moyen-Âge, au profit des langues locales. Il y a un lien puissant entre créativité et langue maternelle. La science n'a rien d'universel[21].

Domination et scolastique

L'anglicisation renforcera la domination de la pensée américaine. Elle provoquera un abandon des traditions locales au profit de travaux américains pas forcément meilleurs. En Allemagne, une longue tradition d'études linguistiques diachroniques a produit des résultats fascinants en étymologie et en histoire des langues. Elle a été presque entièrement abandonnée au profit d'une linguistique internationale d'inspiration américaine, très banale, construite sur des hypothèses réductionnistes non formulées car largement déterminées par la culture, et donc inconscientes.

Les chercheurs européens anglicisés travaillant exclusivement sur des bibliographies américaines se coupent de leurs propres traditions, comme il a été dit plus haut. En outre, les travaux américains ne prennent pas souvent en compte les publications étrangères, même écrites en anglais, surtout si elles ne vont pas dans leur sens. Les problématiques et les méthodologies sont ainsi vues exclusivement sous un angle américain, et certains présupposés culturels discutables mais non discutés s'installent alors tout naturellement dans les esprits *urbi et orbi* par le truchement de la langue anglaise. Cela vaut la

---

[21] Comme le dit le physicien Jean-Marc Lévy-Leblond (Lévy-Leblond 2006, 2016).

peine de les examiner brièvement à travers un exemple, car elles sont omniprésentes dans les sciences humaines.

Pour illustrer le problème, voici un exemple en linguistique assez emblématique des conséquences de la domination américaine. La plupart des linguistes américains, et à leur suite beaucoup d'autres, croient que les langues sont récursives. La récursivité est une propriété de certaines fonctions mathématiques capables de s'appeler elles-mêmes de manière potentiellement illimitée. En linguistique, on utilise ce terme pour nommer des processus répétés dans certaines constructions, une acception de la récursivité introduite par Noam Chomsky dans son ouvrage de 1957, *Syntactic Structures*, dans lequel il développait une théorie syntaxique qui, sans l'hypothèse récursive, aurait produit une grammaire très complexe, entièrement déterministe et donc finie, ce qui contrevient à la constatation qu'il est toujours possible de construire de nouvelles phrases de longueur indéterminée. "If a grammar does not have recursive devices (closed loops […]), it will be prohibitively complex. If it does have recursive devices of some sort, it will produce infinitely many sentences", dit-il. Deux choses sont claires dans ce passage : d'une part Chomsky utilise le mot de récursivité dans le sens d'itération (*loops*, des boucles, caractéristiques de l'itération), et d'autre part la récursivité est une propriété de sa grammaire, non nécessairement de la langue.

Pour le générativisme de Chomsky, très influent, même parmi ceux qui l'ont critiqué, la phrase se construit sur un modèle transformationnel dont on suppose qu'il est produit par une sorte de loi de la nature inscrite dans le cerveau et le génome des êtres humains : la langue est *générée* par un système formalisable ancré dans la biologie. Une fois l'existence du système posée, on est naturellement amené à en rechercher les composants ontologiques, qui doivent dans l'idéal être peu nombreux et aussi élémentaires que possible[22]. Il s'ensuit des hypothèses fortes sur l'existence de propriétés fondamentales, telle par exemple la récursivité, donnée par certains comme LA caractéristique qui distingue les langues

---

[22] Il faut noter que cette quête de la simplicité ultime anime aussi d'autres sciences, comme la physique des particules.

humaines des langages animaux[23]. Or la récursivité n'est pas observée en langue, sauf à la ramener à des phénomènes banals et non récursifs tels que l'accumulation d'adjectifs près d'un nom (comme dans « c'était une personne intelligente et subtile, vive mais résignée, créative et dynamique, etc. »), ou l'inclusion d'une proposition dans une autre (« j'ai vu l'homme qui a vu l'homme, qui a vu l'homme..., qui a vu l'ours »). Dans l'usage habituel, on ne rencontre que quelques occurrences rhétoriques ou ludiques comme celle-ci, lue dans *Enderby outside,* un roman d'Anthony Burgess :

> "Then Shem Macnamara had been very poor, only too ready for a free meal and a quiet sneer at the success of a fellow poet. Then, instead of expensive mouthwash, he had breathed on Hogg-Enderby, bafflingly (for no banquet would serve, because of the known redolence of **onions, onions) onions**"[24].

Malgré cette absence évidente, pour nombre de chercheurs, la récursivité EST dans la langue, ou plutôt dans le système qui la génère. C'est ainsi que des phrases non récursives de type *Sujet + Verbe + Objet* telles que *John cut the rope*, sont considérées comme produites par une fonction récursive appelée *Merge*, l'une des deux fonctions ontologiques de la grammaire minimaliste de Chomsky. Clairement, la récursivité n'est alors qu'un artéfact de la théorie auquel on a donné un statut ontologique.

Le plus remarquable dans cette approche est son réductionnisme, très ancré dans la pensée américaine. C'est ainsi qu'on voit régulièrement apparaître outre-Atlantique des travaux qui expliquent l'intelligence, l'amour, l'homosexualité, l'altruisme, l'égoïsme, l'échec scolaire, etc. en termes de configurations du cerveau, de chromosomes, de phéromones, de sélection naturelle, etc. Mais l'association de comportements avec des dispositions biologiques ne dit rien de la complexité de ce qui est dénommé par ces mots. Relier

---

[23] Hauser M., Chomsky N. & Fitch T., 2002, "The Faculty of Language: What Is It, Who Has It, and How Did It Evolve?", in *Science* Vol. 298, 22 November 2002, 1569-1579.
[24] Anthony Burgess, *Enderby outside,* Penguin, 1982, p. 224.

par exemple l'amour à la pérennité de l'espèce est certes une considération intéressante, mais elle est au fond assez banale : tout le monde sait que l'amour entre les hommes et les femmes est à l'origine de la conception des enfants. Notre être biologique a ses nécessités, et chez les humains, c'est la culture et la langue qui donnent forme à ces nécessités. Ce qui intéresse les sciences humaines, c'est l'infinie variété des formes et leurs interactions avec la vie individuelle et collective des êtres humains. L'affirmation banale de leurs fondements biologiques ne peut être l'alpha et l'oméga de la recherche en sciences humaines.

En revanche, une telle affirmation peut avoir de graves conséquences : les comportements déviants sont alors considérés comme des dysfonctionnements biologiques, et on peut théoriquement y remédier, c'est-à-dire « guérir » les personnes concernées. D'où une tentation de médicalisation des dysfonctionnements. On administre ainsi des médicaments[25] à des enfants étiquetés « hyperactifs », qui n'étaient dans le passé que « turbulents », c'est-à-dire dans un état bénin et transitoire, certes désagréable pour les parents et les enseignants, mais sans gravité. Le phénomène touche aussi l'éthique : il existe un mouvement aux USA qui milite pour le remplacement des prisons par des établissements de soins psychiatriques. Le mal est ainsi ramené à la biologie ; il devient au fond excusable, et donc non punissable. L'être humain se voit ainsi sommé de vivre selon une norme sociale donnée sous peine de rééducation en hôpital psychiatrique. C'est la fin de la liberté, et on se dirige alors droit vers un « meilleur des mondes » à la Aldous Huxley, où règnerait « un bonheur insoutenable » tel que celui décrit par Ira Levin dans son roman éponyme.

Le réductionnisme s'inscrit dans une longue tradition dualiste qui oppose le matériel et l'immatériel, le corps et l'âme, l'esprit et le cerveau, le fameux *mind / body problem* d'inspiration cartésienne. Pour certaines théories cognitivistes, la conscience est une production du cerveau, une propriété émergente de la matière. Cela a

---

[25] De la Ritaline, essentiellement, un dérivé des amphétamines.

l'air scientifique, mais pour un athée ou un agnostique, c'est une platitude absolue : par quelle autre entité l'esprit pourrait-il être produit ? Dieu ? En fait, ces proclamations sont des pierres dans le jardin de la religion ; elles sont une arme contre une tradition américaine d'interprétation littérale de la Bible, qui maintient par exemple que le monde a environ 6000 ans[26], que Dieu a vraiment créé la terre en six jours, que l'arche de Noé s'est effectivement posée sur le mont Ararat, et que l'âme est mise dans le corps par Dieu lors de la conception (ou peu après, ou à la naissance, il y a beaucoup d'avis). Cette tradition est omniprésente dans la sphère publique américaine : un des candidats républicains à l'investiture du parti en vue de l'élection présidentielle en 2016 ne maintenait-il pas que les pyramides ont été construites par Joseph à l'époque où il travaillait pour le Pharaon pour y stocker du blé ? La science américaine est effectivement journellement confrontée à la bêtise et aux manipulations de pseudosciences inspirées par une vision intégriste de la religion, comme le créationnisme ou l'*intelligent-design*, qui s'opposent à la théorie de l'évolution des espèces de Darwin parce qu'elle donne une origine non divine et une destinée non téléologique à l'espèce humaine.

Adopter ces conceptions réductionnistes d'allure scientifique, c'est en fait entrer dans un débat théologique interne à la culture américaine. En Europe, où l'interprétation littérale de la Bible a été abandonnée même par les religieux et où elle ne subsiste qu'à la marge, nous n'avons pas à nous laisser entraîner dans ces discussions stériles, et nous pouvons les abandonner au profit d'une tradition non dualiste dont Spinoza fut un des premiers représentants : pour lui le désir d'exister concerne le vivant d'un seul tenant, corps et esprit indistinctement confondus dans ce qu'il appelle le *conatus,* qu'on

---

[26] Lorsque j'ai visité les gorges du Grand Canyon, en Arizona, je lisais les très nombreux panneaux explicatifs plantés le long du chemin de randonnée. L'un d'eux expliquait que la couche géologique du fond du canyon était très ancienne, environ deux milliards d'années. Un homme qui le lisait à côté de moi s'exclama : « All these people are heathens » (ces gens sont tous des païens). « Pourquoi ? », demandai-je. « Parce que le monde a 6000 ans, c'est marqué dans la Bible ».

peut traduire par *effort* ou *appétit*. Le *conatus* est « l'effort par lequel toute chose tend à persévérer dans son être et n'est rien de plus que l'essence actuelle de cette chose » (*Éthique III, Proposition VII*).

Les thèses réductionnistes et naturalistes se répandent *urbi et orbi* sans être critiquées en raison de la domination linguistique des États-Unis et de leur culture scientifique. Ce ne serait pas trop grave si des thèses différentes avaient droit de cité. Mais ce n'est plus le cas, et le réductionnisme dualiste se développe sans frein dans nombre de domaines, comme les neurosciences, la psychologie cognitive et évolutive, les sciences de l'éducation, la linguistique, et beaucoup d'autres, en *remplacement* de traditions souvent meilleures, mais désormais sur la défensive du fait qu'elles sont moins lues et moins étudiées.

Or toute science doit être critiquée sous peine de sombrer dans la scolastique[27]. En lieu et place d'une grande variété de points de vue issus des traditions locales, nous aurons une immense scolastique mondiale. On la perçoit déjà dans nombre de travaux qui abandonnent le réel pour des fictions académiques qui permettent, dans les sciences humaines, de faire carrière sur des sujets minuscules et de peu d'intérêt, ou bien en truquant les résultats dans les autres sciences[28]. L'apparition de la scolastique n'est certes pas liée à l'usage de l'anglais : elle peut émerger n'importe où, dans n'importe quelle langue, car elle est le fruit du corporatisme et du conformisme des universitaires, lesquels sont universels. Cependant, la scolastique se développe plus facilement dans une langue

---

[27] Le mot de *scolastique* est utilisé ici dans le sens péjoratif de science académique formelle et verbeuse, et non dans son sens médiéval de programme d'enseignement de la philosophie et de la théologie, dont les travaux sont toujours pertinents aujourd'hui.

[28] Dans le numéro de *The Economist* du 19 octobre 2013 intitulé « How science goes wrong », on évoque la mauvaise qualité de la recherche mondiale, dont près de la moitié des résultats ne seraient pas reproductibles. Et encore, l'hebdomadaire n'a-t-il pris en compte que les revues anglo-saxonnes les plus prestigieuses. Trop de chercheurs sans talent font de la science de manière formelle, sans originalité et sans créativité. L'anglicisation aggrave le problème en ce qu'elle développe le conformisme.

étrangère prestigieuse coupée de la langue ordinaire, donc moins accessible et moins critiquable. Jusqu'ici, lorsqu'une tradition était entièrement stérilisée, elle pouvait être amendée par le recours à une autre. Cela ne sera plus possible quand il n'y en aura plus qu'une seule.

L'anglicisation amènera l'uniformité et la stérilité.

Baisse du niveau d'enseignement

Toutes les études ont montré que l'anglicisation des formations provoque partout une baisse du niveau[29]. Dans notre pays, on comprend aisément pourquoi : les enseignants français sont en moyenne de niveau intermédiaire en anglais, c'est-à-dire B1 ou B2 sur l'échelle du *Cadre Européen Commun de Référence pour les Langues*, et ils s'adressent à des étudiants dont le niveau oscille le plus souvent entre A2 et B1. Aux difficultés d'enseignement des uns s'ajouteront les difficultés d'apprentissage des autres, et on pourra légitimement s'interroger sur la valeur d'un enseignement dans un niveau de langue aussi bas. La tentation sera forte de recruter des enseignants anglophones. Et effectivement, il s'est créé toute une corporation de professeurs itinérants qui font des enseignements standardisés en anglais, pays après pays au gré des contrats.

Or, le recrutement massif d'enseignants anglophones, qu'ils soient natifs ou non, risque fort d'empêcher les universités de revenir au *statu quo ante* : une fois en place, il sera difficile de les contraindre à enseigner dans une autre langue, y compris dans la leur s'ils ne sont pas des anglophones natifs. La conséquence sera dramatique pour les enseignants-chercheurs locaux, évincés par des anglophones pas souvent meilleurs qu'eux, sauf en anglais. La France n'est pas encore très touchée par ce phénomène en raison du système des concours, qui met un frein au recrutement sur contrat de professeurs à haut niveau de rémunération. En Allemagne, en revanche, on en arrive à angliciser l'administration universitaire pour faciliter le travail des professeurs anglophones itinérants.

---

[29] Voir par exemple Truchot 2011, Kelly Paul, Pelli-Ehrensberger Annabarbara & Studer Patrick 2009, ou Cabau 2014.

Perte d'influence de la France

L'anglicisation aura pour résultat la disparition d'une partie importante de la production intellectuelle spécifique à la France. Dès lors, pour quelle raison les étrangers en apprendraient-ils la langue ? Une des motivations de cet apprentissage est très certainement son rayonnement culturel, et son corollaire, les études en France. Les universités françaises perdront alors une grande partie des quelque deux cent cinquante mille étudiants étrangers qui y étudient en français, sans être sûres d'attirer un nombre équivalent d'anglophones, qui y réfléchiront à deux fois avant de choisir une pâle copie du modèle américain qui cumulera les défauts des deux systèmes.

Et si le nombre de locuteurs étrangers du français baisse, la position géopolitique de la France sera affaiblie, et à terme ramenée au niveau de celle de pays dont les langues et les cultures, pour belles et intéressantes qu'elles soient, sont peu connues en dehors de leurs frontières et ne leur procurent aucun rayonnement et peu d'influence sur la marche du monde.

Le cas de l'Allemagne

L'Allemagne est un pays comparable à la France par la taille et l'importance économique et culturelle. Le processus d'anglicisation s'y est enclenché une vingtaine d'années avant qu'il ne commence en France, et l'expérience allemande est riche d'enseignements. La perte mémorielle y est déjà bien engagée[30], au point que les jeunes chercheurs ne lisent plus les publications en allemand, pensant que leur langue est dépassée. La plupart des colloques et des publications se font dorénavant en anglais, y compris dans des domaines comme la slavistique ou les études romanes. On tient des colloques sur l'œuvre de Marcel Proust presque exclusivement en anglais, et pourtant, les spécialistes de cet auteur sont forcément francophones. Même problème dans la slavistique allemande : les publications se

---

[30] Voir par exemple Goebl Hans 2009.

font en anglais, et pourtant les spécialistes des langues slaves doivent certainement connaître le russe, qui pourrait être la *lingua franca* des études slaves. Lors d'un colloque à Berlin, j'ai rencontré une linguiste danoise spécialiste de la langue allemande qui était désespérée parce que la dernière revue de linguistique allemande en Allemagne dans son domaine était passée à l'anglais, et que sa maîtrise de cette langue était insuffisante. Comme les revues de linguistique danoises dans son domaine sont passées à l'anglais depuis déjà de nombreuses années, elle n'a plus de débouché pour son travail de recherche[31]. Pourtant, dans les années trente, la linguistique danoise était lue et admirée dans toute l'Europe. Le *Cercle de Linguistique de Copenhague* publiait des travaux en anglais et en français, certes, mais aussi en danois, que les linguistes étrangers apprenaient alors à lire lorsqu'ils ne pouvaient les faire traduire. De nos jours, la linguistique danoise anglicisée ne jouit d'aucune renommée particulière.

Cette domination de l'anglais pose aussi la question du contrôle démocratique sur les activités universitaires. Les citoyens commencent à s'inquiéter, et des scientifiques allemands ont insisté sur ce point lors d'une table ronde organisée par l'ADAWIS (*Arbeitskreis Deutsch als Wissenschaftsprache / Initiative pour l'allemand langue scientifique*) qui s'est tenue à Berlin en janvier 2013[32]. Les partisans de l'anglicisation présents dans la salle ont pris argument de l'autonomie des universités pour la justifier, une étape nécessaire selon eux dans le développement d'une science globalisée où l'Allemagne doit trouver sa juste place. D'ailleurs, les difficultés ne seront que transitoires, disent-ils : lorsque tous les Allemands parleront anglais, il n'y aura plus de problème. Là aussi, comme en

---

[31] Ces basculements de revues scientifiques vers l'anglais touchent aussi la France, bien évidemment. Là comme ailleurs, il n'est pas sûr que les décisions en ce sens aient été mûrement réfléchies ni que les bénéfices attendus aient été au rendez-vous. Gazzola (2012) cite un article de Bracho-Riquelme et al. (1999) qui montre que l'anglicisation des publications de l'Institut Pasteur à partir de 1974 n'a pas eu d'influence sur son facteur d'impact (voir plus loin) : les articles de la revue ne sont pas plus cités que du temps qu'ils étaient en français.
[32] Voir www.adawis.de.

France, on perçoit clairement un projet de société qui n'a pas été choisi par la population, qui n'a pas été discuté. Les conséquences négatives de l'anglicisation sur la maîtrise de la langue allemande sont pourtant déjà très visibles. Comme les travaux universitaires se font dorénavant en anglais, par surcroît bien souvent dans un mauvais anglais, les jeunes Allemands perdent l'habitude d'écrire dans leur langue. On observe aussi un usage croissant de l'anglais par les Allemands dans la conversation professionnelle et même quotidienne. Certains auteurs[33] pensent que c'est l'usage massif de l'anglais dans les universités qui y a préparé la population. Il semble bien qu'une partie importante des citoyens allemands aient pris fait et cause pour le passage à l'anglais, ce qui justifie en retour l'anglicisation des universités. Il reste à voir ce que les générations futures penseront de cet abandon. En attendant, on tentera de donner une explication anthropologique à ce phénomène constaté également dans notre pays et ailleurs dans le monde.

Une des conséquences de l'anglicisation est que les étudiants étrangers germanistes, ceux qui ont fait l'effort d'apprendre l'allemand pour justement pouvoir étudier en Allemagne, sont obligés de constater qu'ils ne peuvent plus étudier dans cette langue, et ils en sont fort peinés[34]. Il est fort possible qu'ils ne transmettront pas leur intérêt pour la langue de Goethe à leurs enfants, d'où sans doute la fin prévisible de l'enseignement de l'allemand à l'étranger. En outre, les étudiants internationaux non germanistes ayant étudié en Allemagne en anglais ne peuvent que difficilement s'intégrer au marché du travail de ce pays en raison de leurs compétences limitées en allemand. Or l'Allemagne, victime d'une forte baisse de la natalité, en a cruellement besoin.

Ce qui se passe en Allemagne risque fort d'arriver en France également, où le mouvement n'en est qu'à son début. Il serait utile d'examiner le cas de ce pays avant de poursuivre notre politique d'anglicisation.

---

[33] Cités par Truchot 2014.
[34] Voir Huang Chongling et Odile Schneider-Mizony 2014 pour une analyse des difficultés des étudiants chinois germanistes en Allemagne.

Arguments complotistes contre l'anglicisation

L'anglicisation est parfois critiquée à l'aide d'arguments qu'on peut qualifier de complotistes ou de paranoïaques : nous serions les victimes de manipulations en provenance des États-Unis. Il faut les traiter avec circonspection parce qu'en rejetant la faute sur les autres, on dédouane les victimes de toute responsabilité dans leur soumission et cela peut engendrer des décisions politiques défensives peu efficaces.

Il est vrai que les Américains ont mis en place dès les années soixante une politique de conquête du *soft power* dont on peut faire remonter l'origine au plan Marshall et à l'accord Blum-Byrnes sur le cinéma du 28 mai 1946. En échange d'un prêt avantageux, la France s'engageait à diffuser un plus grand nombre de films américains qu'avant la guerre, ce qui eut pour résultat une nette diminution de la diffusion des films français. Cette politique s'est développée par la suite et elle vise à faire voir le monde du point de vue américain, toujours le meilleur et le plus civilisé, et ce en dépit des funestes interventions militaires américaines, la plupart du temps brutales et contreproductives, qui ont jalonné la seconde moitié du XXème siècle et le début de celui-ci. Le cinéma et la télévision sont les grands véhicules de cette propagande[35]. Il y a aussi la pensée économique néolibérale, qui s'est répandue sans contrôle dans les entreprises par le truchement des grandes écoles et des universités[36], et qui promeut

---

[35] Sait-on qu'Hollywood reçoit des fonds très importants du Département américain de la défense ? Voir *Hollywood, le Pentagone et Washington, Les trois acteurs d'une stratégie globale,* Jean-Michel Valentin, 2010, Autrement.

[36] Un laisser-faire récompensé en 2016 par le Prix Nobel d'économie attribué à Jean Tirole, un économiste d'obédience libérale de la *Toulouse School of Economics,* dont le nom est construit sur celui de la prestigieuse *London School of Economics.* Comme exemple de la subordination des milieux économiques français au prêt-à-penser américain, on peut citer la proposition faite en janvier 2016 par le MEDEF au gouvernement (socialiste, pourtant) de remplacer les CDI et CDD par un « contrat agile » qui permet tous les licenciements. Ce terme reprend une des platitudes idéologiques des économistes libéraux à propos d'une soi-disant « agility » des entreprises qui les rendraient capables de s'adapter rapidement à toutes les circonstances, et qui n'est rien d'autre qu'un affaiblissement de la protection des

une version extrémiste du capitalisme qui place les intérêts des gros actionnaires avant toutes les autres parties prenantes dans l'entreprise. Il y a aussi eu dès la fin de la Première Guerre Mondiale la mise en place de politiques volontaristes pour une domination de la science internationale[37], d'abord au détriment de l'allemand après la défaite allemande de 1918, en collusion avec les scientifiques français, ensuite au détriment du français après la Seconde Guerre Mondiale. Cette domination passe par le contrôle des revues scientifiques, ce qui permet de fixer indirectement les programmes de recherche internationaux ainsi que les méthodologies et les modes d'écriture : ne seront publiés que les travaux qui correspondent aux préoccupations américaines.

Ces politiques de domination sont renforcées par le *Science Citation Index* (SCI) et l'*Impact Factor* (IF), deux indicateurs bibliométriques tout à fait abusifs mais très suivis[38]. Le SCI a été créé en 1964, et il est à présent détenu par *Clarivate Analytics*, une entreprise privée qui se rémunère en vendant l'accès à ses bases de données. Il s'agit d'un index qui indique le nombre de fois qu'un chercheur a été cité dans les revues scientifiques, ce qui est censé mesurer l'influence et la notoriété individuelle des chercheurs. Il présente un certain nombre de difficultés, entre autres que la mesure ne dit pas si les travaux cités l'ont été parce qu'ils sont effectivement une source d'inspiration ou bien pour être durement critiqués. Il peut en outre être truqué très facilement grâce à des « citation clubs », dont les membres se mettent d'accord pour se citer les uns les autres, souvent sans raison. Surtout, le SCI prend très peu en compte les publications qui ne sont pas en anglais, ce qui est un puissant moteur de l'anglicisation, et ce d'autant plus que dans beaucoup d'universités dans le monde, les choix de recrutement se font désormais sur la base du SCI : on préférera les chercheurs qui ont un meilleur index.

---

salariés.
[37] Voir à ce sujet les travaux de Roswitha Reinbothe, notamment Reinbothe 2011 et 2014.
[38]Pour une étude critique, voir par exemple Michele Gazzola 2012 et 2017.

L'*Impact Factor* (IF) date lui aussi de 1964, et il consiste en l'utilisation du SCI pour mesurer l'influence des revues scientifiques, qui augmente avec celui des auteurs publiés. Là aussi, les possibilités de manipulations sont nombreuses et il y a des effets pervers, par exemple l'incitation pour une revue de privilégier les auteurs qui ont déjà un SCI important au détriment des chercheurs originaux au SCI plus faible, voire inexistant, qui sont pourtant les porteurs éventuels d'idées nouvelles. L'IF est ainsi une prime au conformisme. Naturellement, les langues autres que l'anglais sont peu prises en compte.

Curieusement, parmi les nombreuses critiques faites à ces indicateurs, la question de l'anglais n'est pas souvent mentionnée. C'est le signe que la communauté scientifique a accepté la domination de cette langue, malgré ses conséquences négatives, dont elle n'est d'ailleurs pas souvent consciente[39].

Le *Citation Index* et l'*Impact Factor* permettent ainsi d'établir un contrôle individuel sur les chercheurs et sur les publications du monde entier en les incitant à valoriser des articles écrits en anglais et publiés dans des revues conformes aux canons anglo-saxons. D'ailleurs, les contraintes rédactionnelles et stylistiques imposées par les publications américaines sont très fortes et très normalisées, ce qui entraîne une soumission aux présupposés anglo-saxons sur ce qui constitue un bon article scientifique. Un article qui contrevient à ces règles perd toute chance d'être publié[40].

---

[39] Dans son supplément *Science & Médecine*, le journal *Le Monde* du 27 septembre 2017 a publié une série d'articles sur les problèmes de la publication scientifique, dans l'ensemble, disons-le, assez superficiels. En particulier, il n'est fait aucune mention que ces publications se font pour l'essentiel en anglais dans les sciences « dures », une pratique fortement encouragée par le *Science Citation Index* et l'*Impact Factor*. Les conséquences négatives de l'anglicisation pour la recherche, les chercheurs, et les langues ne sont ainsi pas du tout abordées.
[40] Voir notamment *Les contradictions de la globalisation éditoriale*, dir. Gisèle Shapiro, Editions Nouveau Monde 2009 et *L'espace intellectuel en Europe, de la formation des Etats-nations à la mondialisation*, dir. Gisèle Shapiro, La Découverte, 2009.

Ces restrictions formelles s'ajoutent au conformisme en vigueur dans toutes les communautés scientifiques, quelle que soit la langue, et qui provoque le rejet de recherches qui vont à l'encontre de la *doxa*, ou dont l'originalité déroute le comité de rédaction des revues scientifiques. J'ai publié un article intitulé « Publish rubbish or perish »[41], dont le titre est construit sur l'adage académique anglais *Publish or perish* auquel j'ai ajouté *rubbish* pour des raisons euphoniques, ce qu'on peut traduire par « Publier des sottises ou périr ». J'y décris le mécanisme qui fait que des articles originaux ont peu de chances d'être publiés. Les effectifs des comités de lecture des journaux scientifiques sont devenus pléthoriques, car être membre d'un ou plusieurs comités est une nécessité pour faire carrière. Les articles soumis aux revues sont généralement évalués par deux ou plusieurs relecteurs qui donnent leur avis, et c'est à la majorité que la décision de les publier ou non est prise. La revue perd ainsi sa capacité à fixer une ligne éditoriale et il devient difficile de publier des articles originaux rejetés par les relecteurs, qui ont tendance à les juger en fonction de leurs propres présupposés. Il s'ensuit un certain conformisme, une fuite devant le débat d'idées et les textes de synthèse, et une préférence donnée aux articles qui mettent en œuvre une méthodologie sans faille même si le contenu et les résultats sont insignifiants. L'anglais aggrave la tendance en ce qu'il augmente le niveau de conformisme et l'autocensure en raison de la méconnaissance par les chercheurs américains des autres traditions dans leurs domaines et de leur incompréhension de certaines problématiques, ce qui ne les empêchera pas de porter des jugements s'ils font partie d'un comité de lecture.

Qu'on me permette ici un exemple personnel. J'ai publié récemment un article de linguistique intitulé « Dénomination référentielle, désignation, nomination »[42]. Comme il est maintenant

---

[41] Frath Pierre 2016, "Publish rubbish or perish. De l'uniformité et du conformisme dans les sciences humaines ». In *Mélanges du Crapel n°37*. Coord. P. Candas.

[42] Frath, Pierre 2015 : « Dénomination référentielle, désignation, nomination », in *Langue française n° 188 (4/2015): Stabilité et instabilité dans la production du sens : la nomination en discours, pages 33-46*. Coord. Julien Longhi. Voir

d'usage, on m'a demandé une traduction du titre et un résumé en anglais. Dans le résumé, j'ai pu faire, avec beaucoup de mal, quelques périphrases explicatives pour l'éventuel lecteur anglophone. Mais pour le titre, je me suis aperçu que dans la tradition anglo-saxonne, les trois entités que sont la dénomination, la désignation et la nomination se diluent toutes dans le terme de *collocation*, qui ne peut rendre la richesse des trois termes français. J'ai fini par traduire le titre par « Reference and naming », ce qui ne couvre pas le sujet, loin s'en faut, mais au moins le rend compréhensible. La domination de l'anglais ne peut que signifier, à terme, l'abandon de ce type de travaux par autocensure de ceux qui verront leurs articles rejetés une première fois[43].

Il est clair que les États-Unis ont mis en place une politique de domination culturelle et linguistique, et il serait intéressant de l'étudier de manière exhaustive avec ses conséquences, au-delà des quelques exemples donnés ici. Cependant, d'autres pays ont eux aussi mis en place de telles politiques, par exemple l'Union Soviétique ou la Chine, mais avec nettement moins de succès. Il semble que leur échec relatif provienne du fait que les peuples auxquels s'adressait leur propagande n'ont pas souhaité s'y soumettre et l'ont dans leur ensemble rejetée. L'Amérique, en revanche, a bénéficié d'une reconnaissance certaine pour son action pendant la Seconde Guerre Mondiale, y compris chez les vaincus, les Allemands et les Japonais, qui leur ont été reconnaissants de ne pas les avoir traités avec brutalité après leur défaite. Elle est également l'objet d'une grande admiration pour son économie qui a longtemps représenté un modèle, et pour sa culture, riche et créative dans tous les domaines. *A priori*, ce qui venait d'Amérique était positif, et c'est pourquoi on a cédé sur nombre de fronts. Entre temps, l'Amérique a cessé d'être un modèle, et son aura s'est grandement dégradée, surtout à cause des présidences Bush et Trump, qui ont révélé une certaine bêtise réactionnaire très répandue au sein du peuple

---

http://www.revues.armand-colin.com/lettres-langues/langue-francaise/langue-francaise-ndeg-188-42015

[43] Passage extrait de Frath 2016, cf. *supra*.

américain[44]. La globalisation a pris la relève, et l'influence des Etats-Unis s'exerce maintenant à travers la langue et l'enseignement supérieur, et aussi par leur promptitude politique à manier le bâton et les menaces. Le pli est pris ; les gens sont formés aux vues américaines, dont le véhicule est l'anglais, et c'est surtout l'ignorance des autres points de vue qui explique la soumission.

Mais l'existence d'une politique américaine de domination ne saurait en aucun cas expliquer son *acceptation* par la communauté internationale. Il y a là un effet de *soumission*, qui sera exploré dans la suite du texte. L'étude de la domination est certes nécessaire, mais la soumission doit être analysée elle aussi, car c'est elle qui en dernier ressort explique la situation actuelle. Bien sûr, reconnaître sa faiblesse et son conformisme est moins facile que blâmer la domination des autres. On m'a souvent reproché de mettre l'accent sur la responsabilité de la victime, mais le fait est qu'elle n'en est pas exempte, et il serait bon qu'elle le reconnaisse.

Perte d'universalité

Le danger qui menace le français et l'allemand est celui de la perte de l'accès universel à la connaissance qu'elles procurent à leurs locuteurs. Les langues ne sont en effet pas égales sur ce point : étudier la physique quantique ou la géologie se fera aisément en français, en allemand ou en anglais, mais ce sera pratiquement impossible en wolof ou en alsacien. Pour clarifier cette question, j'ai proposé une typologie des langues en fonction de leurs rapports avec la connaissance, qu'on peut qualifier de *gnoséologique*[45]. L'écrasante majorité des quelque six à sept mille langues encore parlées sont des langues *patrimoniales*, c'est-à-dire transmises par le milieu familial et la communauté locale ; elles ne sont pas enseignées à l'école. Chacune comprend de nombreuses variétés, plus ou moins

---

[44] Les autres peuples ne sont pas plus intelligents, mais un pays qu'on admire doit apparaître sans failles béantes. Il est difficile d'admirer un peuple qui a élu et réélu Georges Bush Junior, et choisi Donald Trump après une présidence exemplaire, celle de Barrack Obama.
[45] Cf. Frath 2018.

mutuellement compréhensibles. C'est ainsi qu'en Alsace, on peut reconnaître le village d'origine d'un locuteur en fonction de sa variété d'alsacien. Celles qui sont parlées dans les villages voisins sont bien comprises, mais un locuteur du nord de l'Alsace a beaucoup de mal à comprendre l'alsacien du sud de la région.

La plupart des langues patrimoniales ne sont pas écrites, et lorsqu'elles le sont, elles ne disposent pas souvent de l'appareil linguistique et pédagogique nécessaire à leur enseignement. Pour construire un tel appareil, il faudrait commencer par choisir une variété standard, ce qui n'irait pas sans problèmes : un Mulhousien rechignerait sans doute à accepter un éventuel standard strasbourgeois, et inversement. Les langues patrimoniales ne sont pas en mesure d'exprimer l'ensemble des connaissances de la modernité, et c'est pourquoi leurs locuteurs doivent nécessairement apprendre une ou plusieurs autres langues pour accéder aux savoirs qui leur seront nécessaires dans leur vie professionnelle.

Tous les pays disposent d'une ou plusieurs langues *nationales*, c'est-à-dire des variétés qui se sont imposées sur un territoire délimité par des frontières politiques, se sont standardisées, et se sont dotées de l'appareil linguistique nécessaire à leur apprentissage. Ce fut le cas du français, de l'allemand et d'autres langues à partir de la Renaissance. Les langues nationales finissent par avoir raison des langues patrimoniales, entre autre parce que leurs locuteurs les considèrent comme plus prestigieuses et qu'ils en ont besoin pour parler de leurs connaissances. C'est ainsi que les langues régionales ont quasiment disparu en France et ailleurs. Les langues nationales sont utilisées à l'école, et sont donc en mesure d'exprimer les connaissances ordinaires des locuteurs. Mais elles ne sont pas toutes utilisées dans les sciences. Celles qui le sont donnent à leurs locuteurs la capacité d'exprimer *toutes* les connaissances de la modernité. Ce sont celles qui sont qualifiées ici d'*universelles* ; il s'agit de l'anglais, du français, de l'allemand, de l'italien, du russe, et de quelques autres, sans doute pas plus d'une vingtaine. Les locuteurs de langues nationales non universelles, par exemple les

Finlandais, doivent apprendre une de ces langues s'ils veulent penser la modernité.

L'anglicisation de l'enseignement supérieur et de la recherche transformera les langues universelles existantes, autres que l'anglais, en langues nationales non-universelles. C'est déjà le cas du suédois, et le processus est en cours en néerlandais, en italien, en allemand, et dans quelques autres langues. Le français n'est qu'au début de sa perte d'universalité, et c'est ce qui fait que ses locuteurs sont encore inconscients des conséquences de l'anglicisation en termes de pertes de traditions et de richesse linguistique et culturelle.

Avons-nous bien réfléchi à ce que nous faisons lorsque nous anglicisons nos universités et la recherche ? Utiliser l'anglais comme *lingua franca* dans les sciences est une bonne chose : les scientifiques ont besoin d'une telle langue pour la communication et les échanges. Mais pourquoi vouloir qu'elle *remplace* nos propres langues, surtout si elles sont universelles ?

Chapitre 3

Les arguments avancés pour l'anglicisation dans la recherche et l'enseignement supérieur

Face à cette avalanche d'effets négatifs, le lecteur se demande peut-être quels peuvent bien être les arguments *en faveur* de l'anglicisation de la recherche et de l'enseignement supérieur. Peut-on la justifier ?

Une anglicisation peu argumentée

En réalité, les laboratoires et les enseignements passent souvent à l'anglais sans justification sérieuse, sans qu'on sache vraiment pour quelle raison. Parfois on peut repérer une prise de pouvoir par un chercheur moins reconnu mais qui parle mieux l'anglais que ses collègues, et qui parvient ainsi à asseoir son influence dans son laboratoire. Mais dans la plupart des cas, cela se fait sans grandes discussions sur les avantages et les inconvénients. Il n'y a d'ailleurs pas, à notre connaissance, de travaux comparant les bienfaits attendus avec les résultats effectivement obtenus ; de fait, dans la plupart des cas, une telle étude serait impossible, les attentes n'étant pas le plus souvent clairement formulées.

Lorsqu'on pose la question du pourquoi de l'anglicisation, on obtient souvent un mélange de bonnes raisons et d'idées toutes faites erronées. L'ensemble de l'argumentaire va maintenant être examiné, et on reconnaîtra les cas où l'usage de l'anglais présente des avantages

A la fin de ce chapitre, sera évoqué un cas d'espèce, celui de l'Ecole Polytechnique, qui a anglicisé une partie de son offre de formation. On verra qu'il peut y avoir des raisons objectives pour angliciser, liées à la situation réelle dans laquelle se trouvent les établissements d'enseignement supérieur. Il serait cependant utile, voire nécessaire, que les décisions se prennent en toute connaissance de cause, en ayant conscience des dangers encourus afin de les minimiser autant que possible.

Sauvetage de masters très spécialisés

Parmi les bonnes raisons d'angliciser un cursus, on peut mentionner le maintien ou la création de masters très spécialisés dont les effectifs francophones seraient trop restreints et qui ont été sauvés ou créés grâce à l'anglicisation.

Préparation des étudiants à une carrière en anglais

Un autre argument acceptable est le désir des enseignants de bien préparer les étudiants à leur carrière future, qui se fera en grande partie en anglais. Ils décident alors d'introduire des cours en anglais dans le cursus des étudiants, soit en les assurant eux-mêmes, soit en recrutant des chargés de cours anglophones, soit en organisant des cycles de conférences en anglais, animées par des spécialistes anglophones de leurs domaines. Jusque là, c'est acceptable dans la mesure où tous les enseignements ne se font pas systématiquement en anglais. Mais de plus en plus souvent, les universités ont tendance à vouloir passer au tout anglais et à créer des cursus entièrement en anglais. Or ces pratiques n'ont pas de base légale, ainsi qu'on va le voir ci-dessous.

La loi Fioraso de 2013 n'a pas légalisé les cursus en anglais

Les cursus entièrement en anglais sont en effet illégaux, et les diplômes qui les sanctionnent sont en principe sans valeur. Le deuxième alinéa de l'article 121-3 de la loi du 4 août 1994, dite Loi Toubon, stipule que

> II- La langue de l'enseignement, des examens et concours, ainsi que des thèses et mémoires dans les établissements publics et privés d'enseignement est le français, sauf exceptions justifiées par les nécessités de l'enseignement des langues et cultures régionales ou étrangères, ou lorsque les enseignants sont des professeurs associés ou invités étrangers.

Les diplômes entièrement en langue étrangère sont alors théoriquement à la merci d'une décision de justice qui pourrait les annuler. Cela ne s'est pas fait parce que personne ne se sent lésé par leur existence, mais une association de défense du français suffisamment motivée pourrait décider d'ester en justice. Pour essayer de mettre les diplômes à l'abri de cette éventualité, les rédacteurs de l'article 2 du projet de la loi dite Fioraso de 2013 ont voulu mettre la loi en conformité avec les pratiques. Voici le texte d'un troisième alinéa de cet article, qui s'ajoute à celui de la loi Toubon ci-dessus :

> III. - Des exceptions peuvent également être justifiées par la nature de certains enseignements lorsque ceux-ci sont dispensés pour la mise en œuvre d'un accord avec une institution étrangère ou internationale tel que prévu à l'article L. 123-7 ou dans le cadre d'un programme européen.

Ça a l'air anodin, mais permet en fait une anglicisation totale des enseignements pour peu que l'université ait un accord avec une université étrangère, ce qui est le cas de toutes les universités françaises. Le législateur s'est rendu compte du problème[46] lors du passage en commission et il a modifié la proposition de loi. Voici le texte qui a finalement été soumis à l'Assemblée et voté le 23 mai 2013, avec en gras les amendements apportés

---

[46] Il faut préciser que cette prise de conscience s'est en partie faite grâce à l'action d'associations telles que l'*Observatoire européen du plurilinguisme*, qui a fourni des éléments aux politiques pour les aider à clarifier la situation.

III. - Des exceptions peuvent également être admises pour certains enseignements **lorsqu'elles sont justifiées par des nécessités pédagogiques et** que ces enseignements sont dispensés dans le cadre d'un accord avec une institution étrangère ou internationale tel que prévu à l'article L. 123-7 ou dans le cadre d'un programme européen **et pour faciliter le développement de cursus et de diplômes transfrontaliers multilingues. Dans ces hypothèses, les formations ne peuvent être que partiellement proposées en langue étrangère. Les étudiants étrangers auxquels sont dispensés ces enseignements bénéficient d'un apprentissage de la langue française. Leur niveau de maîtrise de la langue française est pris en compte pour l'obtention du diplôme.**

On y note des restrictions importantes : il faut justifier l'usage d'une langue étrangère par des nécessités pédagogiques, et les formations ne peuvent en tout état de cause qu'être partiellement en langue étrangère. Il faut donc que les étudiants étrangers maîtrisent le français, d'où la prise en compte de son apprentissage pour l'obtention du diplôme. La loi Toubon est ainsi sauvegardée.

Le texte a ensuite été examiné au Sénat et en Commission paritaire mixte. Voici la version complète finale de l'alinéa 2 de l'article 121-3 de loi n°2013-660 du 22 juillet 2013 :

II. - La langue de l'enseignement, des examens et concours, ainsi que des thèses et mémoires dans les établissements publics et privés d'enseignement est le français. Des exceptions peuvent être justifiées :

1° Par les nécessités de l'enseignement des langues et cultures régionales ou étrangères ;

2° Lorsque les enseignants sont des professeurs associés ou invités étrangers ;

3° Par des nécessités pédagogiques, lorsque les enseignements sont dispensés dans le cadre d'un accord avec une institution étrangère ou internationale tel que prévu à l'article L. 123-7 ou dans le cadre d'un programme européen ;

4° Par le développement de cursus et diplômes transfrontaliers multilingues.

Dans ces hypothèses, les formations d'enseignement supérieur ne peuvent être que partiellement proposées en langue étrangère et à la condition que l'accréditation concernant ces formations fixe la

> proportion des enseignements à dispenser en français. Le ministre chargé de l'usage de la langue française en France est immédiatement informé des exceptions accordées, de leur délai et de la raison de ces dérogations.
> Les étudiants étrangers bénéficiant de formations en langue étrangère suivent un enseignement de langue française lorsqu'ils ne justifient pas d'une connaissance suffisante de cette dernière. Leur niveau de maîtrise suffisante de la langue française est évalué pour l'obtention du diplôme. Les enseignements proposés permettent aux étudiants francophones d'acquérir la maîtrise de la langue d'enseignement dans laquelle ces cours sont dispensés.

La version finale de la loi Fioraso précise la nature des exceptions, et surtout, elle instaure un contrôle par le ministère de la Culture. La loi Toubon, au lieu d'être affaiblie comme l'espéraient les rédacteurs de l'article 2, se trouve en fait renforcée. Malheureusement, la presse s'est contentée de commenter le *projet* de loi ; elle n'a fait état ni du texte voté en mai, ni de celui qui a finalement été adopté en juillet. Elle a clamé *urbi et orbi* que désormais les universités françaises allaient pouvoir enseigner en anglais, certains journaux le regrettant, d'autres se réjouissant que la France allait enfin « rattraper son retard ». L'effet a été désastreux dans les milieux universitaires francophones à l'étranger. J'ai reçu de nombreux messages de l'étranger où pointait l'inquiétude : si la France passe à l'anglais, que vont devenir les enseignants de français à l'étranger, que va devenir la recherche francophone ? J'ai tenté de les rassurer, mais la suite des événements ne m'a pas donné beaucoup de raisons d'être optimiste.

Avant la loi Fioraso de 2013, il y avait dans notre pays 634 masters entièrement en anglais et 161 partiellement dans cette langue, soit un total de 795, la plupart dans les grandes écoles ouvertes sur un marché international assez lucratif, en compétition avec les universités d'autres pays. En 2017, les chiffres sont respectivement de 951 et de 315, soit un total de 1266. Cette augmentation de près de 100% montre clairement que la loi Fioraso n'est pas appliquée. Il semble bien que le ministère de l'Enseignement Supérieur ne voie pas les problèmes posés par l'anglicisation. En cela, il est en cohérence avec l'attitude générale des politiques, quel que soit leur bord, qui ne voient pas non plus les dangers, ou qui, s'ils les voient, tendent à les ignorer parce qu'ils ne sont pas porteurs dans l'opinion, elle aussi inconsciente des menaces. Par surcroît, elle est en phase avec les idées toutes faites des élites de notre pays, qui associent elles aussi modernité et langue anglaise. Pour elles, défendre le français et les autres langues, c'est un combat d'arrière-garde.

Le manque d'investissement universitaire dans les langues n'empêche pas l'anglicisation

Ce serait une bonne idée d'investir dans l'enseignement des langues à l'université sachant que le niveau d'anglais de la majorité des étudiants se situe entre A2 et B1 sur l'échelle du *Cadre européen commun de référence pour les langues* (CECRL), c'est-à-dire un niveau qui ne permet pas une bonne compréhension orale ni une production orale et écrite satisfaisante[47]. J'ai effectué en 2008 une enquête dans mon université, celle de Reims, et j'ai constaté que les étudiants bénéficiaient d'environ une heure de langue en moyenne par semaine, d'anglais le plus souvent, avec des disparités considérables entre les facultés. La plus mal lotie était la faculté de médecine, avec seulement deux semestres sur dix comprenant un enseignement d'anglais de deux heures par semaine[48]. La Maison des Langues de l'Université de Reims, que j'avais créée à cette époque, n'a jamais réussi à s'implanter en médecine, essentiellement pour des

---

[47] Nous ne disposons pas d'études sur des cohortes entières, mais les tests de positionnement effectués en Première année de Licence dans mon ancienne université (celle de Reims Champagne-Ardenne) indiquent ces niveaux. Curieusement, les résultats aux examens de certification au niveau du master ne montrent pas de progrès sensible en moyenne. L'enseignement des langues à l'université est dans une crise profonde. De plus, certains étudiants étrangers, ceux qui ont appris le français dans leur pays d'origine plutôt que l'anglais, n'ont pas de niveau du tout dans cette langue, mais leur cas n'est pas souvent pris en compte.

[48] Il semble que la situation se soit améliorée entre temps en raison du recrutement d'un enseignant d'anglais supplémentaire : il y aurait des cours d'anglais dans toutes les années sauf la première, jugée trop pléthorique.

questions de territoire et de priorités budgétaires. Les facultés ne veulent pas perdre le contrôle de l'enseignement des langues, mais lorsque les ressources se font rares, elles préfèrent se concentrer sur les matières centrales, et les langues, qui n'en font pas partie, se trouvent de ce fait sous-financées.

La situation désastreuse des langues à l'université n'empêche pas l'anglicisation. Une des causes est qu'il est certainement plus « glamour » pour des responsables de positionner leurs facultés à la pointe de la modernité, en anglais donc, plutôt que de batailler au sein des Conseils de l'université pour obtenir des financements pour le développement des langues.

Meilleurs contacts avec l'étranger grâce à la lingua franca

Un autre argument avancé en faveur l'anglais est le fait que les collaborations et les échanges internationaux sont facilités par la *lingua franca*. C'est très vrai. Sans une langue commune, on ne pourrait pas inviter tel ou tel spécialiste étranger non-francophone pour des conférences ou des cours. Inversement, sans la maîtrise de l'anglais, les spécialistes français seraient confinés à la sphère francophone. Mais on ne voit pas pourquoi la connaissance d'une *lingua franca* implique l'abandon de la langue du pays.

Une mobilité étudiante qui se résume à des séjours à l'étranger en anglais

Pour ce qui concerne la mobilité étudiante, notamment dans le cadre des échanges Erasmus, la situation n'est pas très encourageante pour le plurilinguisme. Comme la plupart des pays ont largement anglicisé leurs cursus universitaires, et comme par ailleurs l'apprentissage des autres langues que l'anglais a diminué partout, les cursus en anglais constituent l'essentiel de l'offre. Les jeunes générations circulent ainsi de pays en pays, communiquent en anglais, et passent à côté de la culture des pays qui les accueillent.

Les partisans de l'anglicisation des enseignements en France avancent un argument qu'ils pensent décisif. Il s'agirait de rendre obligatoires des cours de français pour les étudiants non-francophones qui viendraient en France étudier en anglais. L'argument est qu'ils repartiraient chez eux avec une certaine connaissance du français et du pays. Mais il y a une grande différence entre l'apprentissage scolaire d'une langue et des études *dans* cette langue, selon l'esprit de la loi Fioraso. Si la France anglicisait, elle perdrait les 250 000 étudiants étrangers qui étudient en français, et dont le français est de haut niveau, et ne gagneraient que quelques dizaines de milliers d'étudiants anglophones qui repartiraient chez eux avec un bagage linguistique et culturel essentiellement d'ordre touristique.

L'accès aux publications facilité par l'usage d'une lingua franca

L'accès aux publications du monde entier est certainement facilité par l'usage de l'anglais *lingua franca*. Un article publié en chinois par exemple a peu de chances de parvenir à l'attention des chercheurs non sinophones. Pour que cela arrive, il faut le traduire, ce qui représente des coûts et du temps. L'anglais est alors bien pratique.

Mais pourquoi publier *seulement* en anglais ? Pourquoi, dans la plupart des domaines, surtout dans les sciences dites exactes, le chercheur non natif est-il quasiment *obligé* de publier en anglais parce que la plupart des revues sont dans cette langue ? Son expression aura toutes les chances d'être moins bonne que dans sa langue maternelle, ce qui constituera un handicap à la diffusion de l'article. Pourquoi ne pas laisser les chercheurs publier dans leurs langues, ce qui leur permettrait de développer l'argumentation dans toute sa finesse, et ne publier en anglais que dans un second temps, en particulier dans des revues indépendantes des instances anglo-saxonnes, par exemple européennes ? Les anglophones seraient pour le coup incités à lire en langues étrangères, du moins dans les domaines où d'autres sont meilleurs, ou bien lorsqu'ils estiment que telle ou telle tradition non anglophone leur apporterait un point de vue enrichissant leurs propres recherches. Dans la situation actuelle, les anglophones négligent les travaux écrits par des non natifs, en partie parce que la qualité de l'anglais n'est pas forcément optimale, en partie parce que les publications en anglais par des non natifs ne sont souvent que de pâles copies de travaux anglo-saxons, en partie parce qu'ils ne connaissent les problématiques que du point de vue anglophone, en partie aussi, disons-le, en raison d'un certain sentiment de supériorité, alimenté par leur monoglossie et l'hégémonie de leur langue.

On mentionne aussi des cas de vols de résultats. La publication d'articles novateurs est retardée le temps qu'un laboratoire américain refasse les mêmes travaux, qui seront ensuite publiés avant l'article en provenance de l'étranger, lui subtilisant ainsi le mérite des résultats originaux, ce qui peut avoir des conséquences financières si les découvertes impliquent le dépôt de brevets ou des récompenses. Dans son livre de 2013, *Contre la pensée unique*, Claude Hagège rappelle les propos cyniques d'un membre d'un comité de lecture d'une revue américaine, qu'il avait déjà publiés dans un livre en 2006[49].

> « Ces articles [...] nous arrivent sur un plateau d'argent, écrits dans notre propre langue [...]. Comment voulez-vous que nous nous empêchions d'exploiter les meilleures idées ? [...] Si vous volez une idée à quelqu'un alors que celle-ci n'a pas encore fait l'objet d'une publication antérieure, [...] comment voulez-vous que ce dernier soit en mesure de prouver quoi que ce soit ? » (Hagège 2013, p. 114).

Hagège donne de nombreux exemples de pillage, dont celui-ci :

> « Un exemple de pillage est celui dont fut victime un chercheur [...], D. Stehelin, lorsque M. Bishop et H. Warmus reçurent le prix Nobel, en 1989, pour la démonstration du pouvoir oncogène des rétrovirus, alors que c'était lui qui avait, avant eux, fourni cette démonstration, dont il avait envoyé les éléments à ces deux collègues. Son intention était d'être publié dans la revue que ces derniers dirigeaient » (Hagège 2013, p. 115).

---

[49] Claude Hagège, 2006, *Combat pour le français. Au nom de la diversité des langues et des cultures*. Odile Jacob, Paris.

Il cite aussi (p. 114) le cas d'un chercheur chinois qui avait publié sa découverte en chinois dans une revue chinoise avant de la soumettre en anglais à une revue américaine. Il n'eut ainsi pas de mal à en prouver l'antériorité lorsque deux chercheurs américains tentèrent de s'en emparer. Dans les sciences humaines, les enjeux ne sont pas financiers, mais des articles peuvent être refusés parce qu'ils font de l'ombre. C'est ainsi que l'équipe de recherche à laquelle j'appartenais à l'époque où je faisais ma thèse, dans les années 90, s'est vu refuser par une revue américaine un article sur la collecte automatique de certains segments répétés dans des corpus électroniques, une idée développée dès 1984 par un statisticien français, André Salem[50], spécialiste de l'analyse des données textuelles. La raison en était que nous lui en attribuions faussement la paternité, selon les évaluateurs de l'article, revendiquée par des recherches américaines pourtant bien postérieures. Il y a aussi des cas d'ignorance d'antériorité délibérée. Le linguiste John Sinclair et son équipe de l'université de Birmingham ont, dans les années 80, mis au point une méthode de lexicographie informatique à partir de corpus électroniques qui a donné le jour au fameux et excellent dictionnaire *Collins-Cobuild*. Le problème est qu'ils n'ont jamais mentionné les recherches de l'équipe de l'Institut National de la Langue Française (INaLF), pionnières en matière de lexicographie informatique dès les années 50, et qui ont donné naissance à un monumental dictionnaire du français, le *Trésor de la Langue Française*. En France, on ne réagit pas beaucoup à ces abus, en partie par fatalisme, en partie par désir de ne pas entrer dans des controverses.

Il y a beaucoup à dire en faveur d'un retour à la publication d'articles en priorité dans la langue des chercheurs. Cela pourrait mettre un frein à ces pratiques malhonnêtes, et cela amènerait les chercheurs anglo-saxons à lire en langue étrangère.

---

[50] André Salem, 1984, « La typologie des segments répétés dans un corpus, fondée sur l'analyse d'un tableau croisant mots et textes », in *Les cahiers de l'analyse des données*, Vol. IX, n°4, p 489-500. Également Lebart, L. & Salem, A., 1994, *Statistique Textuelle*, Dunod, 344 p.

Espoir d'une visibilité accrue des universités françaises

On avance aussi l'espoir d'une visibilité accrue des universités après anglicisation, mais cet avantage sera perdu quand elles seront toutes anglicisées. Elles seront alors toutes sur le même modèle et les universités des pays anglophones se maintiendront aisément à la tête des classements internationaux. Celles qui parviendront à égaler les universités anglo-saxonnes seront celles qui auront si bien imité leur modèle qu'elles ne s'en distingueront plus. La France et les pays francophones doivent au contraire continuer de proposer une recherche et des enseignements originaux en français, surtout dans les sciences humaines, qui auront alors toutes les chances d'être très recherchés.

La prétendue manne des étudiants étrangers

On affiche souvent le désir de profiter de la « manne » des étudiants étrangers, en oubliant qu'il y en a déjà deux cent cinquante mille qui étudient en français dans les universités françaises, ce qui place la France au troisième ou au quatrième rang dans le monde pour l'accueil d'étudiants étrangers, et au premier rang pour l'accueil d'étudiants dans une autre langue que l'anglais. On oublie aussi que les tarifs universitaires sont tellement bas en France que les gains financiers attendus ne peuvent en aucun cas couvrir les coûts de l'anglicisation[51]. Car les étudiants qui viendront étudier en anglais en France ne seront sans doute pas les meilleurs dans cette langue (ceux-ci iront étudier dans un pays anglophone), et il faudra peut-être même leur donner des cours d'anglais, comme aux étudiants français eux-mêmes, ainsi qu'aux enseignants. Il serait plus simple, moins coûteux et plus efficace de leur faire faire un stage intensif de français langue étrangère l'été qui précède leur arrivée dans une université en France. Par ailleurs, les universitaires qui sont en contact avec des universités étrangères savent que le frein n'est pas

---

[51] Cet argument n'est pas valable pour les grandes écoles de commerce et d'ingénieur positionnées sur le marché international, et où les frais d'inscription sont très importants. Mais rappelons tout de même que la plupart de ces écoles ne font pas partie de l'université.

tant la langue française que des restrictions à l'obtention de visas, plus ou moins importantes selon les gouvernements successifs en fonction de leur couleur politique. Une libéralisation des procédures augmenterait considérablement le nombre des étudiants désireux d'étudier en français en France. Il serait bon aussi de mettre en place une politique de bourses d'études sur le modèle américain.

Usage prétendument incontournable de l'anglais dans un environnement multilingue

Un autre argument avancé pour l'anglicisation est celui de l'impossibilité d'enseigner dans la langue locale parce que les étudiants viennent des quatre coins du monde et que l'anglais est leur seule langue commune. Il faut noter tout d'abord qu'en France ce n'est vrai qu'à la marge, et essentiellement dans certaines grandes écoles positionnées sur le marché international non-francophone. L'argument est en revanche valable dans d'autres pays, qui offrent des formations en anglais depuis la mise en place de ce qu'on a appelé le processus de Bologne, au terme duquel les diplômes européens sont reconnus dans tous les pays. Ce processus visait à développer le plurilinguisme parmi les étudiants en leur permettant d'étudier dans différentes langues, et notamment la langue des pays d'accueil. La domination de l'anglais dans les cursus européens a provoqué l'inverse de ce qui était espéré : sachant que les universités européennes offrent essentiellement des formations en anglais, les étudiants ont cessé de s'intéresser aux autres langues, et ils déterminent dorénavant leurs choix en termes de rapport qualité / prix, et non par intérêt pour la langue et la culture de tel ou tel pays. La situation actuelle est ainsi le fruit de politiques entamées il y a quelques années, et elle est tout à fait réversible. Si les Européens décidaient d'enseigner dorénavant dans leurs langues et un choix de langues étrangères, dont l'anglais, il suffirait de deux ou trois années pour effectuer la transition.

Anthropologie de l'anglicisation

Anglais lingua franca *versus anglicisation*

En conclusion, on peut dire que les avantages liés à l'usage de l'anglais dans la recherche et l'enseignement supérieur proviennent de son rôle de *lingua franca* ; tous les inconvénients sont causés par une surenchère qui n'a pas lieu d'être, celle qui vise à *remplacer* la langue locale par l'anglais. Publier en anglais, d'accord, mais pourquoi *seulement* en anglais ? Enseigner en anglais, d'accord, mais pourquoi *seulement* en anglais, comme le font nombre de pays au niveau du master. Le fait est qu'on pourrait bénéficier des avantages de la *lingua franca* sans en subir les inconvénients. Si les Européens ne s'organisent pas en conséquence, c'est qu'il y a d'autres facteurs en jeu, qu'on va essayer de comprendre dans le chapitre suivant en étudiant le phénomène d'un point de vue historique. En attendant, voici un cas d'espèce particulièrement intéressant, celui de l'École Polytechnique.

Un cas d'espèce : l'École Polytechnique

Nous[52] avons eu l'occasion d'échanger avec l'équipe de direction de cette grande école, une des plus prestigieuses de notre pays, qui forme des ingénieurs de très haut niveau, futurs cadres dans l'armée ou dans le civil. Notre attention avait été attirée par un communiqué publié par l'École le 22 février 2016, annonçant l'ouverture de plusieurs formations de niveau Master entièrement dispensées en anglais. Il a pu ensuite être vérifié sur le site de Campus France que l'X[53] proposait effectivement un ensemble de formations aux niveaux *Bachelor* (Licence) et *Graduate Degrees* (Master), avec les mentions « All courses are taught in English » (tous les cours sont assurés en anglais) et « no requirements in French » (aucun pré-requis en français), contrevenant ainsi clairement à l'article 2 de la loi Fioraso de 2013. Il nous a de plus semblé étrange qu'une grande école qui forme des cadres militaires néglige à ce point la langue du pays qu'ils sont chargés de défendre en cas de conflit. La direction

---

[52] Il s'agit de membres du Conseil d'Administration de l'*Observatoire européen du plurilinguisme*.
[53] Autre nom donné à l'École Polytechnique.

de l'École nous a alors conviés à un échange de vues qui a permis de clarifier les choses[54].

Il s'agissait en fait, selon nos interlocuteurs, d'une communication « extrêmement synthétique » « qui a pu conduire à des malentendus », une partie des cours de ces nouvelles formations étant en français. S'il est vrai que dans la plupart des formations proposées à l'X il n'y a pas de pré-requis en français pour les étudiants étrangers, il est vrai aussi que, mettant à profit la période de service militaire qui ne concerne que les néo-entrants français, l'école impose aux étudiants non francophones qui entrent dans le cycle ingénieur polytechnicien sept mois d'une formation intensive à la langue et à la culture françaises qui vise le niveau B1 sur l'échelle du *Cadre Européen Commun de Références en Langue*, un niveau intermédiaire donc, mais ambitieux sur une période aussi brève. Par ailleurs, tous les étudiants sont logés sur site et intégrés dès leur arrivée dans des activités sportives, artistiques et culturelles, dont un des objectifs est l'intégration des étudiants venus de divers horizons et la création d'un esprit de corps. Les non-francophones sont ainsi inclus structurellement et dès le début dans le groupe en train de se former, ce qui favorise leur pratique du français. Par ailleurs l'obtention du diplôme final est soumise à une condition linguistique : pour le cycle ingénieur, les étudiants doivent avoir atteint le niveau C1 en français, ce qui est un très bon niveau de maîtrise. Pour y parvenir, ils bénéficient de quatre heures de cours par semaine pendant l'ensemble de leur scolarité.

L'objectif de ces nouvelles formations proposées par l'X est, d'une part, de retenir des étudiants français qui autrement seraient partis à l'étranger, d'autre part, d'attirer des étudiants étrangers qui

---

[54] Étaient présents pour l'École Polytechnique, MM. Jacques Biot, Président exécutif, Frank Pacard, Directeur de l'Enseignement et de la Recherche, Pierre Herrero, Directeur de Cabinet, Patrick Le Quéré, Directeur adjoint de l'enseignement et de la recherche, Olivier Bertrand, Chef du département « Langues et cultures » ; pour l'OEP : MM. Christian Tremblay, Président, Christos Clairis, Vice-président, Pierre Frath, membre du Conseil d'administration et du Conseil scientifique.

vont actuellement exclusivement dans des universités anglo-saxonnes ou européennes comme l'EPFL (Lausanne) ou la TUM (Munich)

Une situation aussi favorable au français a cependant peu de chances de se retrouver ailleurs. Il y a d'abord les moyens financiers de l'École, sans commune mesure avec ceux des universités, qui ont notamment permis la création d'un Département des Langues et Cultures chargé des enseignements linguistiques et culturels et, également, d'un Département de Sciences Humaines et Sociales ; il y a aussi le fort potentiel de ces étudiants de très haut niveau, triés sur le volet. Tout cela n'entre pas dans le cadre général de l'université, qui enseignera le français comme elle enseigne les autres langues, c'est-à-dire dans la pénurie. De plus, il n'est pas dans ses habitudes de veiller à l'accueil et à l'intégration des étudiants, qu'ils soient étrangers ou nationaux.

Nous avons attiré l'attention des responsables de l'École sur le fait qu'un affichage entièrement en anglais pouvait détourner les francophones étrangers, une remarque qui sera prise en compte dans les futures communications, nous a-t-on assurés.

Maintenant, la question de fond : pourquoi cette volonté de proposer des diplômes en anglais ? Il semble que l'École polytechnique ait été secouée par un rapport parlementaire (en 2014, de François Cornu-Gentille) assez critique du manque de rayonnement à l'étranger de ce fleuron de l'éducation à la française et sur le défaut de stratégie de l'État à l'endroit d'une école placée sous la tutelle du ministère de la Défense. La solution proposée par le ministère de tutelle fut, entre autres, une demande d'anglicisation des formations, en phase en cela avec les *a priori* de l'élite de notre pays. C'est cette injonction qui est sans doute à l'origine de l'affichage tout anglais sur le site de Campus-France. Mais il faut bien distinguer le cursus classique de l'École, qui n'est pas concerné par les directives du ministère, et les nouvelles formations selon le modèle LMD, dont l'objectif est d'attirer des étudiants étrangers de haut niveau qui, ayant appris le français, au cours d'études partiellement en anglais, seront ensuite, en réponse aux critiques du rapport, de bons ambassadeurs de la culture française.

La politique linguistique mise en place à la rentrée 2016 fut celle décrite *supra*, avec déjà des résultats encourageants en termes d'augmentation du nombre des élèves étrangers et de la diversité des pays d'origine. Un résultat tout à fait intéressant des inscriptions pour cette première année est que plus de la moitié des inscrits sont des étudiants français provenant des lycées français de l'étranger. Il est probable que sans l'offre de l'École Polytechnique, ces étudiants se seraient dirigés vers des formations en Angleterre, aux États-Unis ou au Canada.

Dont acte. Par ailleurs, il semble que les enseignants ne soient pas *forcés* d'enseigner en anglais. La moitié à peu près des enseignants-chercheurs en poste à l'école est d'origine étrangère, parmi lesquels beaucoup d'anglophones. Ces derniers, qu'ils soient natifs ou non, enseignent certainement mieux en anglais qu'en français. Les francophones, quant à eux, peuvent continuer d'enseigner en français. L'enseignement vise la qualité, qui va de pair avec l'aisance linguistique des enseignants.

La situation est ainsi loin d'être aussi monolingue que l'affichage sur le site de Campus-France le laissait croire. Cet exemple montre que les établissements d'enseignement supérieur de notre pays ne peuvent vivre en autarcie franco-française : ils doivent s'ouvrir sur un monde où l'anglais a pris une importance considérable. Les décisions doivent cependant être prises en toute conscience des difficultés et des menaces à long terme sur la capacité du français à être une langue scientifique, condition essentielle du rayonnement de notre culture. Il semble que l'École polytechnique ait conscience de ces difficultés. Il n'est pas sûr que ce soit le cas partout...

CHAPITRE 4

Approche historique des changements de langues

Les phénomènes de changements linguistiques sont liés à ce qu'on appelle dans le jargon spécialisé les **contacts de langues.** Sans contacts de langues, le monolinguisme est la règle, mais il produit une certaine incompréhension des autres peuples, auxquels est alors souvent déniée l'humanité.

Le mot *barbare* vient du latin *barbarus*, repris du grec *barbaros*, qui rappelle le sanskrit *barbara*. Ces mots proviennent d'une onomatopée *br-br* qui entend imiter le bruit que font les étrangers dont on ne comprend pas la langue. On la retrouve dans les verbes *bredouiller* et *balbutier*. Le barbare est celui dont la langue ressemble à des bredouillements, à des bruits d'animaux, et qui n'est donc pas vraiment humain.

Le nom russe pour dénommer les Allemands est *Niemets*, l'adjectif étant *niemetski*. Ces mots sont à mettre en relation avec *niemoï*, qui signifie *muet*. Lorsque les Russes entrèrent en contact avec les chevaliers teutoniques, ils les ont considérés comme muets, sans doute aussi par moquerie, parce qu'ils n'en comprenaient pas la langue.

Dans la suite du texte, on distinguera les contacts de langues égalitaires et les contacts de langues non égalitaires.

Contacts de langues égalitaires

Ce type de contacts mène au bilinguisme et au plurilinguisme. En voici quelques exemples.

Contacts de langues de voisinage

En Australie du nord, les langues aborigènes dites *non pama-nyungan* sont parlées par des peuples arrivés tardivement sur le continent et d'origines diverses. Elles sont classées en vingt-deux groupes mutuellement incompréhensibles. En revanche, les aborigènes arrivés plus anciennement, probablement il y a environ 60 000 ans, parlent des langues du groupe dit *pama-nyungan,* qui règnent dans la majeure partie du continent. Dans ces cultures, les hommes doivent épouser une femme d'une autre tribu. Les enfants parlent ainsi les deux langues. Ils comprennent aussi les langues des grands-parents et de la parentèle plus lointaine. Le plurilinguisme est ainsi très répandu, et les langues ne divergent pas trop les unes des autres, en tous les cas localement. Les langues du voisinage sont mutuellement compréhensibles, mais le sont de moins en moins en fonction d'un gradient d'éloignement. Ainsi, les langues aborigènes de l'est et de l'ouest du pays, même si elles appartiennent à la même famille, ne sont plus mutuellement compréhensibles[55].

Il s'agit là d'un phénomène de contact de langues très ordinaire. Le linguiste allemand Hugo Schuchardt (1842-1927) « remarquait qu'on pouvait aller de Rome à Paris, de village en village, sans jamais rencontrer de frontière linguistique tranchée, alors même que le français et l'italien sont deux langues bien distinctes »[56]. Autrement dit, on passe successivement des dialectes romains, puis lombards, piémontais et franco-provençaux, à ceux du Charolais et du Mâconnais, puis à la langue d'oïl de Bourgogne et enfin à celle d'Île-de-France. Tous ces dialectes restent mutuellement compréhensibles par leurs voisins immédiats. L'instauration du français et de l'italien en tant que langues nationales normalisées et

---

[55] Bernard Comrie 2004.
[56] Jean-Paul Demoule 2014, *Mais où sont passés les Indo-Européens ?* (page 568). Seuil, Paris.

enseignées sur tout le territoire a créé une frontière linguistique qui se superpose aux frontières d'état, supprimant ainsi les variétés proches.

Dans mon Alsace natale, il existe une situation similaire. J'habitais Strasbourg, et je parlais donc l'alsacien alémanique de cette ville, proche des dialectes germaniques de l'autre côté du Rhin. Ma grand-mère maternelle habitait Sarre-Union, une petite ville d'Alsace Bossue où on parle un dialecte francique qui diffère de l'alémanique par une partie du vocabulaire, et surtout par le système phonologique et l'intonation. Ces deux familles de dialectes, d'origines distinctes, sont restées mutuellement compréhensibles parce qu'elles ont exercé l'une sur l'autre une pression de voisinage. Toutes les variétés, franciques ou alémaniques, possèdent cependant leurs caractéristiques propres, au point qu'on peut repérer l'origine géographique des locuteurs d'après la variété d'alsacien qu'ils parlent, et bien sûr, se moquer d'eux à l'aide de comptines rimées ou de mots péjoratifs. Les Strasbourgeois, par exemple, traitent des locuteurs du francique de « pegser », un mot forgé il y a quelques siècles pour se moquer de l'absence du son /pf/ en francique : on dit par exemple /pfif/ et /pfàrer/ en alémanique pour *pipe* et *pasteur*, et /pif/ et /pàrer/ en francique. Pour éviter d'être insulté par les uns et les autres, je basculais au francique dès mon arrivée à Sarre-Union, et à l'alémanique dès mon retour à Strasbourg. Cela était facilité par le fait qu'à la maison nous parlions les deux variétés, mon père étant strasbourgeois.

Apparition de *linguae francae*

La communication se fait parfois à l'aide d'une langue qui n'est la langue maternelle de personne. Ce fut le cas de la *Lingua Franca* originelle, la langue franque, c'est-à-dire celles des Francs, d'après un mot arabe, *faranji*, *franc*, que les Arabes ont utilisé pour dénommer les Croisés, des Francs francophones pour la plupart, et par la suite les Européens en général. Antoine Furetière en donne la définition suivante dans son *Dictionnaire universel* (1690) : « Un jargon qu'on parle sur la mer Méditerranée, composé de français, d'italien, d'espagnol et d'autres langues, qui s'entend par tous les matelots et marchands de quelque nation qu'ils soient »[57]. Cette langue s'est développé dans tout le bassin méditerranéen dès l'époque des croisades et s'est maintenue jusqu'au XIXème siècle. Elle s'apprenait sur le tas, de manière informelle, pour les nécessités du commerce et de la navigation lorsque les matelots qui constituaient les équipages n'étaient pas tous du même pays. Elle n'était enseignée ni à l'école, ni dans les familles.

Il y a aussi le cas des pidgins, utilisés par des locuteurs dans des situations de multilinguisme imposé, par exemple dans le cadre d'un travail forcé qui réunit des personnes de diverses origines. Ce fut le cas dans les Caraïbes, l'Amérique du Sud, les États-Unis lors de l'introduction de l'esclavage dans les plantations de coton ou de canne à sucre, ou bien à Hawaï lorsque les Américains ont commencé à y développer la canne à sucre au XIXème en faisant venir des travailleurs sur contrat (« indentured ») de toute l'Asie. Les maîtres et les patrons ne se préoccupaient pas beaucoup des connaissances linguistiques de ceux qui travaillaient pour eux : ils les laissaient se débrouiller. C'est ainsi que se sont créés des pidgins[58] à partir d'une langue choisie comme substrat, le plus souvent la langue des maîtres (le français, l'anglais, le portugais, etc.), parfois aussi une langue locale comme à Hawaï, où le premier substrat fut le hawaïen, remplacé ensuite par l'anglais. Sur le substrat se greffent des mots d'origines diverses issues des langues des travailleurs. Les pidgins ont une grammaire très sommaire : on place le mot le plus important au début de la phrase. La seconde génération est élevée dans un environnement multilingue par des parents ne parlant pas forcément la même langue. Ils ont donc recours au pidgin, au moins en partie, une langue peu structurée qui ne donne pas de modèle linguistique aux enfants. Ces derniers produisent alors un créole, c'est-à-dire un pidgin langue maternelle qui s'est doté d'une

---

[57] Voir aussi Dakhlia 2008
[58] Selon le *Dictionnaire historique de la langue française*, le mot vient d'une prononciation altérée du mot anglais *business* par les Chinois, qui ressemblait à celle de *pigeon*, d'où le mot *pidgin*.

structure grammaticale[59]. Certains de ces créoles subsistent jusqu'à nos jours, et sont même parfois enseignés à l'école, comme dans les îles Seychelles. D'autres ont inspiré de grands auteurs comme Édouard Glissant, Aimé Césaire ou Patrick Chamoiseau.

Dans une zone donnée, les langues appartiennent souvent à une même famille, par exemple celle des langues bantoues dans le centre de l'Afrique. Il arrive alors qu'un des dialectes acquière un statut de *lingua franca* locale. Ainsi en est-il du swahili, qui était à l'origine une langue bantoue de la côte tanzanienne dont les Arabes se servaient pour commercer dans la région à partir de Zanzibar. Elle est devenue la *lingua franca* de l'aire bantoue toute entière, y compris des peuples non bantous qui l'habitent. Sa pratique couvre une grande partie de l'Afrique anglophone (elle est langue nationale au Kenya, en Tanzanie, en Ouganda), une partie de l'Afrique francophone (langue officielle au Congo et aux Comores), jusqu'en l'Éthiopie, où elle est une des langues nationales. Elle sert de moyen de communication privilégié dans la région. Le statut du swahili a par la suite grandement bénéficié du choix que l'Union Africaine, dont le siège est à Addis-Abeba, a effectué en sa faveur en 2003 comme langue officielle de l'UA avec le français, l'anglais, l'arabe, le portugais et l'espagnol. En Tanzanie, le swahili n'est une langue maternelle que pour une minorité de locuteurs, mais il est enseigné dans les écoles et il est avec l'anglais, la langue d'une presse locale très dynamique. Il est ainsi devenu le véhicule d'un certain savoir, et son avenir semble prometteur. Le nombre de personnes qui l'utilisent dans le milieu familial est en augmentation, et donc aussi le nombre de locuteurs pour lesquels il est devenu une langue maternelle. C'est par ce même processus d'acculturation que le français et l'italien se sont imposés aux autres variétés de langue : les parents choisissent de parler à leurs enfants la variété qui leur semble la plus riche, et donc la plus souhaitable, et les dialectes locaux sont alors réduits au rang de patois, souvent méprisés. Il est ainsi possible que le swahili finisse par remplacer les autres langues bantoues du centre de

---

[59] Voir Derek Bickerton 1997.

l'Afrique, comme le français a remplacé les variétés locales en France.

Le swahili est devenu *lingua franca* par adoption, par une sorte de choix naturel et spontané effectué en sa faveur pour faciliter la communication entre les habitants d'une aire géographique multilingue. Cette position a par la suite été entérinée par les états qui l'ont adopté comme langue officielle. Ce fut aussi le cas du grec koïnè, en usage autour de la Méditerranée dans l'Antiquité, devenu langue officielle de Rome avec le latin ; puis ce fut le cas du latin au Moyen Âge, qui devint la langue de l'église catholique, et aussi du français dans l'aristocratie européenne jusqu'au XXe siècle.

Cette situation est à rapprocher de celle de l'anglais dans certains milieux à notre époque, notamment scientifiques, adopté de manière spontanée. Va-t-il devenir une langue officielle planétaire, celle de toutes les institutions internationales ? Il en prend en tout cas le chemin. Va-t-il passer du statut de *lingua franca* à celui de langue maternelle d'une grande partie de l'humanité ? C'est possible, surtout si, comme dans beaucoup de pays, il devient une langue officielle, comme en Inde et dans la plupart des anciennes colonies britanniques. C'est aussi le cas des classes dominantes dans certains pays d'Europe, où les parents veulent une éducation en anglais pour leurs enfants, première étape vers un usage familial de la langue. C'est dans ce cadre qu'il faut comprendre l'obsession des Français pour l'anglais, et notamment son apprentissage précoce à l'école, bien que toutes les études aient montré l'inefficacité fondamentale d'un saupoudrage linguistique effectué par des enseignants dans l'ensemble peu formés aux langues. D'où une offre croissante d'écoles privées faisant appel à des anglophones natifs et qui vise le marché de la bourgeoisie.

Contacts de langues et domination

Lorsque la langue du dominé l'emporte...

Les contacts de langues de domination mènent d'abord au bilinguisme, puis au monolinguisme par effacement de la langue dominée. Mais il est des cas où *la langue du dominé l'emporte,* lorsque le moins « civilisé » s'impose militairement au plus « civilisé ». Ainsi les envahisseurs mongols et mandchous, qui se sont sinisés très rapidement au contact des Chinois.

Ce fut aussi le cas des Wisigoths en Espagne. Le royaume wisigoth a existé de 418 à 711, avec des variations de frontières considérables. Il comprit un temps un territoire qui allait de Gibraltar à la Loire, à l'exception du Pays Basque et du Portugal actuel. A partir de 508, il se replia sur l'Hispanie avec Tolède pour capitale, toujours sans le Pays Basque, mais avec le Portugal, pris aux Suèves. On estime que la population wisigothe, qui comprenait aussi d'autres peuples barbares, était au nombre d'environ 200 000 personnes à l'origine, c'est-à-dire bien moins que les trois ou quatre millions d'Ibériques romans de cette époque. Les Wisigoths se sont pour partie installés dans les montagnes peu peuplées entre le Tage et l'Èbre ; ils ont aussi mis en place des garnisons dans les villes d'Hispanie pour maintenir leur domination militaire. Il s'agissait donc d'un contrôle politique s'appuyant sur l'armée qui n'a pas fondamentalement modifié les structures sociales et économiques existantes. Les Wisigoths et leurs peuples fédérés parlaient des langues germaniques déjà relativement latinisées, et ils se sont hispanisés très rapidement au contact des populations locales qui parlaient les bas-latins à l'origine des langues ibériques modernes : castillan, galicien, catalan, portugais, etc. Ils ont maintenu leur pouvoir pendant près de trois siècles, tout en abandonnant leur culture, dont il ne subsiste que quelques églises rurales, et leur langue, dont il reste des traces en espagnol moderne, comme les mots *queso* (fromage), *banco* (banc), *gris* (gris), *blanco* (blanc), *ganso* (oie), *guerra* (guerre). Au VIIème siècle, le wisigoth était une langue morte.

Le francique de Clovis connut le même destin : il disparut en tant que langue en territoire gallo-romain mais il exerça une forte influence sur le vocabulaire roman avec des mots qui allaient donner au français des mots comme *guerre, gris, bleu, blanc, banc*, comme en espagnol, et aussi *cresson, bâtir, canif, danser, crampon, écume, fauteuil*, ainsi qu'environ quatre cents autres mots. Paul Lévy[60] écrit que « depuis le milieu du IXème siècle, dès que la *lingua theodisca*[61] des Francs en France s'est éteinte, elle est appelée *lingua francisca*, terme qui auparavant avait été synonyme de langues des Francs, c'est-à-dire germanique[62] ». Le Serment de Strasbourg, en 843, illustre bien cette transition. Charles le Chauve, roi des Francs, et Louis le Germanique, roi des Germains, conclurent un pacte de non-agression et de soutien mutuel face à leur frère aîné Lothaire, dont ils ne reconnaissaient pas la suzeraineté. Pour bien se faire comprendre des troupes, Charles le Chauve s'adressa aux soldats germains en francique et Louis le Germanique prononça le même discours en roman devant l'armée franque. C'était le signe que l'armée du successeur lointain de Clovis était entièrement romanisée, mais que leur chef, Charles le Chauve, petit-fils de Charlemagne, parlait les deux langues, le francique, sa langue maternelle, et le roman appris sans doute durant l'enfance à la cour de son père, Louis le Pieux, ce qui expliquerait que son frère Louis était lui aussi capable de parler cette langue. Lorsqu'il hérita de la Francie de l'Ouest, une région gallo-romaine qui allait devenir la France, l'usage du roman lui devint une nécessité pour communiquer avec son aristocratie franque romanophone.

On peut aussi mentionner le cas des Vikings installés en Normandie à partir du IXème siècle, une occupation officialisée en 911 lorsque Rollon reçut le Comté de Rouen de Charles le Simple. Ils abandonnèrent leur langue, le vieux norrois, en trois générations, et ils étaient totalement francophones lorsque Guillaume le Conquérant battit le roi saxon Harold à la bataille de Hastings, en 1066. Les Normands prirent la place de l'aristocratie saxonne et continuèrent de parler leur variété de roman, qui devint l'anglo-

---

[60] Dans la suite du texte, nous faisons de nombreuses références à ce linguiste alsacien et à son ouvrage magistral publié en 1929, *Histoire linguistique d'Alsace et de Lorraine* (voir la bibliographie à la fin du texte).
[61] C'est-à-dire la langue *tudesque* (*theudisk* en francique), à l'origine de *teuton*, et aussi de *Deutsch,* mot par lequel les Allemand se désignent.
[62] Paul Lévy 1929, page 130.

normand, tandis que le peuple utilisait le saxon ou le gaélique. Le saxon et l'anglo-normand se confondirent et ne firent plus qu'une seule langue, l'anglais, quatre siècles plus tard, à partir de la fin la Guerre de Cent Ans, lorsque les Anglais se retirèrent sur leur île et commencèrent à se sentir plus anglais que français. S'ils avaient gagné la guerre, le roi de France aurait été le jeune Henri VI d'Angleterre, âgé de quelques mois lorsqu'il hérita de la couronne de France en 1422 d'une manière qu'on pouvait considérer comme légitime. La noblesse anglaise, aux commandes en France et en Angleterre, serait alors sans doute restée francophone, et il est fort probable que le saxon et le gaélique auraient finalement subi le sort des parlers régionaux en France, c'est-à-dire leur remplacement par le français. On peut donc dire, en forçant à peine le trait, que la langue anglaise doit son existence à Jeanne d'Arc, ou plutôt au sens politique de Yolande d'Aragon, belle-mère du Dauphin, futur Charles VII, qui sut utiliser Jeanne, ou plutôt l'enthousiasme qu'elle suscita, pour faire sacrer son gendre Roi de France à Reims, en 1429.

La conclusion qu'il faut tirer de ces quelques exemples est que rien n'est écrit d'avance, et que le hasard des événements et des actions individuelles n'est pas sans conséquences sur le destin des langues. L'anglicisation actuelle n'est donc pas une fatalité ; il faut garder cela à l'esprit.

Lorsque la langue du dominant l'emporte...

Mais le plus souvent, c'est *la langue du dominant qui l'emporte* par le moyen de la guerre, de la colonisation ou de l'impérialisme.

La motivation d'une *guerre* peut être le remplacement d'une population par une autre. La Bible en donne de nombreux exemples, et notamment la conquête de Canaan par les Hébreux, où les populations locales sont souvent vouées à l'« anathème » par décision divine, c'est-à-dire au massacre et à la destruction. En Tasmanie à partir du XVIIIe siècle, les populations aborigènes ont été exterminées par les colons britanniques[63]. Et ainsi de suite, les exemples sont nombreux. Examinons un cas de plus près.

---

[63] Bernard Comrie 2004.

En Alsace, une population essentiellement gallo-romaine fut remplacée entre le milieu du IVème siècle et le début du VIème siècle par des envahisseurs germains[64]. Des infiltrations plus ou moins pacifiques de colons et de soldats avaient déjà eu lieu auparavant, le Rhin ne constituant pas une frontière infranchissable. Mais en raison de la déliquescence de l'Empire Romain, le mouvement s'est accentué à partir de 350, pour s'achever au début du VIème siècle. Les noms de lieu étaient alors déjà largement germanisés, et notamment celui de la ville de *Strasbourg,* qui reçut un nom germanique en remplacement de son nom celtique latinisé par les Romains, *Argentoratum*[65]. Grégoire de Tours mentionne vers 590 que l'évêque Egidius fut conduit « ad Argentoratum urbem quam nunc Stradeburgum vocant »[66], à la ville d'Argentoratum qu'on appelle maintenant Strasbourg. Le souvenir du passé était encore présent à l'époque, mais on ne dispose d'aucun document écrit sur cette période, signe qu'elle fut certainement très troublée, et difficile pour ses habitants.

L'étude des noms de lieux a permis d'identifier deux grands mouvements d'invasion. Le premier se fit d'est en ouest. Les Alamans remontèrent les rivières alsaciennes à partir du Rhin jusqu'aux contreforts des Vosges, soumettant les populations gallo-romaines ou les chassant devant eux jusqu'à ce qu'elles trouvent refuge sur les hauteurs vosgiennes, où on parlait encore jusqu'à

---

[64] Ce qui suit provient du livre de Paul Lévy 1929.

[65] L'étymologie d'*Argentoratum* est discutée. Tous les auteurs sont d'accord sur la *dernière* partie du mot, -*ratum*, d'un mot celtique –*rate*, qui veut dire « rempart de terre ». Quant à *argent*-, qui dénommait le métal précieux en celtique comme en latin, on y voit soit le reflet argenté des zones humides entourant le rempart, soit quelque lien avec l'extraction ou le commerce de l'argent. Aucune des deux explications ne me semble convaincante, en grande partie parce qu'il existe beaucoup de noms de lieux construits sur *argent* (Argentan, Argenton, Argancy, Argenteuil, etc.), sans qu'on voie le lien ni avec le métal, ni avec des étendues d'eau susceptibles de briller au soleil. Urban (2015), suggère une subdivision en *arg*-, qui signifierait quelque chose comme « méandre », « arc », « resserrement », « goulot d'étranglement », et –*ent*, une dénomination hydronymique. *Argentoratum* signifierait alors « le rempart sur le méandre de la rivière ». C'est assez convaincant.

[66] Paul Lévy 1929, page 97.

récemment des variétés de langues d'oïl appelées *welches*, du nom donné par les Alamans aux Gaulois à partir du nom latin de la Gaule, *Gallia*, *Walha* en germanique, d'où l'adjectif *walhisk*, *welche*. Le même nom, *Welsh*, fut donné aux Gallois par les Saxons, par le même processus, qu'on retrouve aussi à l'origine du nom des Belges francophones, les Wallons.

Les Francs, quant à eux, envahirent l'Alsace par le nord, en même temps que la Lorraine, remontant eux aussi les rivières, qui coulent dans cette région du sud au nord (la Moselle, la Sarre, et leurs affluents.). C'est cette double invasion qui explique l'existence des parlers franciques et alémaniques en Alsace. Les Francs entrèrent en conflit avec les Alamans, et Clovis les soumit lors de la bataille de Zülpich, Tolbiac en français, dans la région de Cologne en 496 (ou 506 selon certains). Clovis mit ainsi un coup d'arrêt à l'expansionnisme des Germains, commencé quelques siècles plus tôt lorsque les Goths quittèrent leur région d'origine au sud de la Scandinavie pour s'installer dans l'Allemagne actuelle, alors peuplée essentiellement de Celtes. La paix s'établit alors en Alsace entre les Alamans et les Francs, et également entre les Gallo-romains et les Germains le long d'une frontière linguistique qui traverse la Lorraine et descend le long de la crête des Vosges, restée inchangée jusqu'à nos jours, à peu de choses près. Des poches gallo-romaines subsistèrent ici et là dans des zones reculées de l'Alsace jusqu'au IXème siècle environ, avant de disparaître pour de bon. Cette région entra ainsi dans une ère germanique qui devait durer 1500 ans, jusqu'après la seconde guerre mondiale, qui vit le parachèvement d'une francisation particulièrement efficace, ainsi qu'il a été vu *supra*, puisqu'elle eut raison des dialectes alsaciens en moins d'un siècle.

Les guerres sont ainsi de puissants vecteurs de changements de langues, là aussi largement imprévisibles. Elles peuvent avoir d'autres causes que le remplacement de population, telles que la conquête de nouvelles ressources ou de zones d'influence. Dans ce cas, la guerre conduit à une domination économique par une minorité étrangère, et donc aussi linguistique et culturelle. La langue de l'envahisseur s'impose alors souvent sous une forme standard, comme le français, l'anglais et le portugais en Afrique, l'espagnol et le portugais en Amérique du Sud, l'anglais en Amérique du Nord, le russe en Sibérie, l'arabe en Afrique du Nord, etc. Elle peut aussi se répandre sous une forme modifiée, ce qui peut produire l'apparition de nouvelles langues comme, rappelons-le, le français au haut Moyen Âge, un bas-latin comprenant des reliquats celtiques et enrichi de mots franciques, ou l'anglais, à partir d'un substrat de vieux saxon superficiellement celtisé et latinisé, modifié par les apports du vieux norrois des envahisseurs vikings et du roman des conquérants normands.

La *colonisation* peut être une cause de changements de langues. Les Romains ont installé des colons en Narbonnaise afin d'asseoir leur contrôle sur cette province dont le rôle stratégique était d'assurer la jonction terrestre entre l'Italie et l'Espagne par le moyen de la *Via Domitia,* qui reliait ces deux régions. Selon Piémont[67], Jules César implanta des colonies dans le Languedoc et en Provence en attribuant des terres à d'anciens légionnaires. Ils se comportèrent avec mépris par rapport aux populations locales, un comportement qu'on retrouve aussi décrit par Céline dans son *Voyage au bout de la nuit* à propos des colons français en Afrique, et qui semble accompagner « naturellement » la colonisation. Piémont cite ce passage de Tacite : « Les anciens soldats s'assemblaient en collèges et formaient au milieu des villes gauloises une société à part, une sorte d'aristocratie populaire, accablant d'insolence ou d'avanies les indigènes et le commun peuple (Tacite, Ann. XIV, 31) ». Les colons ont imposé le latin aux Celtes, qui se sont rapidement romanisés avant de participer à la romanisation de la Gaule. L'Afrique a été colonisée par diverses nations d'Europe avec pour résultat que ses élites parlent maintenant les langues européennes mieux que leurs langues patrimoniales. Le même phénomène s'est produit en Sibérie, où les langues locales ont été considérablement affaiblies par leur contact avec le russe.

---

[67] Paul Piémont, 1981, *L'origine des frontières linguistiques en occident* (page 54), publié par l'auteur à Strasbourg.

Il y a aussi la ***domination à caractère politique, culturel et économique***, sans conflit ouvert, par exemple la domination de nations européennes telles que la France ou l'Italie sur les régions qui les composent, de la Russie sur les autres parties de l'ex-Union Soviétique, de l'Europe sur l'Afrique et d'autres parties du monde, et maintenant des Etats-Unis sur la planète toute entière.

Les relations entres les dominants et les dominés se caractérisent par le manque d'intérêt du centre de l'empire pour les langues des dominés. Dans certains cas, tout un appareil idéologique se développe avec l'objectif de réduire l'importance des cultures dominées. Au XIXème siècle, la France a ainsi construit tout un mythe autour de sa « mission civilisatrice » dans ses colonies, tandis que les Britanniques ployaient sous le fardeau de l'homme blanc, « The white man's burden »[68], celui de devoir apporter malgré eux et par une sorte de fatalité, la civilisation aux peuples primitifs. Les révolutionnaires russes ont voulu apporter le socialisme aux populations libérées du joug de structures politiques considérées comme archaïques. Quant à l'action politique de l'Amérique, elle s'est caractérisée jusqu'ici par un messianisme assez naïf qui prétend apporter aux autres peuples la démocratie et la liberté, sans oublier le marché néolibéral et la finance, qui en sont naturellement, selon eux, l'expression économique[69].

Une telle asymétrie entraîne un bilinguisme des dominés, d'abord au niveau des élites, c'est-à-dire de ceux qui ont réussi à obtenir une place dans la société dominée en adoptant la langue du dominant avant les autres. Les langues locales s'affaiblissent ensuite parce qu'elles ne peuvent pas exprimer toutes les connaissances d'un locuteur éduqué dans la langue dominante. Au bout de quelques générations, l'idée se répand que sans la maîtrise de cette langue,

---

[68] C'est le titre d'un poème de Rudyard Kipling publié en 1899, et qui peut être lu comme un soutien à la colonisation.

[69] Il est possible que la présidence de Donald Trump cesse de se référer à cet argumentaire politico-économique et le remplace par des rapports de force plus cyniques et plus brutaux. Il est trop tôt pour dire s'il réussira à changer la vision américaine en profondeur et sur la durée.

aucun avenir n'est possible, ce qui amène les parents à la choisir pour l'éducation des enfants. Lorsque cette pratique se diffuse dans toutes les couches sociales, les jours de la langue locale sont comptés. Elle survivra un temps dans la vie quotidienne, dans la poésie et la littérature d'inspiration traditionnelle, mais sa disparition est inéluctable. C'est ce processus qui est à l'œuvre dans la disparition des langues régionales ou minoritaires, en France et ailleurs.

Ce processus aboutit bien souvent au monolinguisme des dominés, par abandon de leur propre langue, imitation de la culture dominante, et aussi par manque d'intérêt pour les langues des autres dominés. En Afrique, les élèves francophones par exemple vont apprendre des langues étrangères comme l'anglais, l'allemand ou l'espagnol, mais souvent pas des langues africaines.

Le monolinguisme des conquis se constate de manière évidente en Irlande, au Pays de Galles, en Écosse, dans les régions de France, et ailleurs[70]. Des sursauts volontaristes sont toujours possibles cependant. C'est ainsi qu'au XIXème ont été sauvées des langues comme le finnois face au suédois, ainsi qu'il a été vu au deuxième chapitre. Ce fut aussi le cas du hongrois face à l'allemand lorsque l'Autriche-Hongrie succéda en 1867 à l'empire des Habsbourg après le Compromis austro-hongrois sur la question des nationalités dans cet état multinational. La langue hongroise avait été standardisée et normalisée peu auparavant, entre 1844 et 1849, et elle est devenue langue officielle du Royaume de Hongrie en 1867. Avant cela, elle était surtout la langue du peuple, avec de nombreuses variétés, les élites et l'administration utilisant l'allemand. La standardisation permit son enseignement dans tout le royaume. Quant au flamand, il dut son essor à un mouvement nationaliste qui se développa au XIXème siècle. Après la création de la Belgique en 1830, le français devint la langue officielle du pays,

---

[70] Concernant la soumission des dominés, nous suggérons la lecture du *Portrait du colonisé* d'Albert Memmi, qui décrit les relations de la population arabe par rapport au colonisateur français dans les années cinquante. Le lecteur y trouvera des ressemblances flagrantes avec la situation actuelle.

une langue peu comprise de la population, qu'elle soit flamande ou wallonne, les uns et les autres parlant une multitude de dialectes flamands et wallons qui ne leur donnaient ni la compréhension du néerlandais de Hollande pour les uns, ni celle du français de France pour les autres. Les dialectes wallons furent peu à peu remplacés par le français standard, comme le furent les langues d'oc et d'oïl en France, et les dialectes flamands par une langue écrite standard forgée à partir du milieu du siècle, fortement inspirée du néerlandais. Elle devint la langue de l'école, de l'administration et de l'université. Et comme on le sait, le conflit linguistique entre les deux communautés a pris un tour politique qui se poursuit jusqu'à nos jours. Le plus curieux est que les universités flamandes soient largement anglicisées à l'heure actuelle. Il semble donc que les Flamands soient en train d'abandonner à l'anglais, volontairement, la place qu'ils avaient obtenue de haute lutte pour leur langue face au français. En forçant à peine le trait, on peut dire que les langues traditionnelles de Belgique ont quasiment disparu au profit de deux langues étrangères que les Wallons et les Flamands identifient comme les leurs, et au nom desquelles ils sont en conflit depuis plus d'un siècle.

Les politiques linguistiques ne produisent pas nécessairement des résultats cohérents et souhaitables, surtout lorsqu'elles sont motivées par le nationalisme.

CHAPITRE 5

Approche anthropologique des changements de langue

Pour comprendre les aspects anthropologiques du phénomène, je me propose maintenant d'étudier la situation en Afrique francophone. Celle de l'Afrique anglophone est pratiquement identique, mais je préfère étudier le cas de l'Afrique francophone, d'une part parce que je le connais mieux, et d'autre part pour montrer que les relations de changements linguistiques ne sont pas spécifiques à l'anglais. On commencera par étudier la situation des villages, encore dépositaires des langues et cultures ancestrales, pour montrer comment l'éducation post-coloniale et le contexte économique sont en train de modifier en profondeur la situation linguistique et sociale. Il ne sera pas simplement procédé à une description sociologique : il s'agit aussi de découvrir les ressorts anthropologiques sous-jacents qui révéleront les motivations individuelles et collectives de l'évolution. A la fin du chapitre, on essaiera d'imaginer une politique linguistique idéale, qui permette à la fois de sauvegarder les cultures et les langues ancestrales et d'intégrer les populations dans un système économique probablement en route vers une globalisation irrémédiable. Cette étude permettra ensuite, dans le dernier chapitre, de concevoir une politique linguistique pour la France, l'Europe et le monde.

Anthropologie de l'anglicisation

Le lecteur pourra constater que cette partie du texte est plutôt prospective : j'y formule des hypothèses sur le futur à partir de mes lectures et de la réflexion qu'elles ont suscité en moi, et aussi de ma connaissance personnelle de l'Afrique. Pour ce qui est des ressorts anthropologiques des changements, j'ai été frappé par la similarité de la situation entre l'Afrique actuelle et mon Alsace natale : ce que les Alsaciens ont ressenti doit être du même ordre que ce que ressentent les Africains d'aujourd'hui. J'ai le sentiment de comprendre la situation africaine *de l'intérieur*, pour l'avoir également vécue. Ma formation de linguiste m'a ensuite permis d'analyser ces phénomènes de manière plus systématique et de formuler des descriptions générales de ce qui se passe au niveau personnel et collectif lors d'un contact de langues inégalitaire.

Les villages

Les Samos sont une ethnie de Haute-Volta, maintenant le Burkina Faso, étudiée dans les années cinquante, par Françoise Héritier, une anthropologue et ethnologue disciple de Claude Lévi-Strauss. Voici ce qu'elle dit à propos de l'identité des Samos.

« La seule armature véritable, celle qui fait et construit l'identité, est donnée par la définition sociale. La règle sociale collective s'incarne dans l'individu et lui donne son identité en lui assignant une place, un nom et un rôle qui doit être le sien en raison de sa situation généalogique et chronologique dans un lignage donné : il est né dans un lignage de maîtres de la terre ou de maîtres de la pluie, de fossoyeurs ou de forgerons, il est homme ou femme, aîné ou cadet. L'identité samo est le rôle assigné et consenti, intériorisé et voulu, qui est tout entier *contenu dans le nom*, nom lignager et nom individuel »[71].

Il s'agit là d'une ethnie où la place et le rôle des individus sont entièrement déterminés par des facteurs anthropologiques : le lignage, le sexe et le rang dans la fratrie. L'avenir d'un enfant est tout tracé et l'idée d'en vouloir un autre n'est probablement pas

---

[71] Françoise Héritier 1977, p. 511.

pensable. Ce type de déterminisme anthropologique est très profond et c'est sans doute lui qui est à l'origine, dans toutes les sociétés, de l'acceptation par la plupart de leur place et de leur destin, et c'est lui qui explique, du moins en partie, la reproduction des hiérarchies sociales. Dans les pays où l'école est accessible à tous, les parents peuvent théoriquement envisager un avenir meilleur pour leurs enfants, mais les ressorts anthropologiques de reproduction sociale fonctionnent aussi à l'école, un problème qui sera examiné dans le dernier chapitre. Il n'en demeure pas moins vrai que l'éducation a été la clé jusqu'ici de la promotion sociale dans les pays occidentaux, et dans une certaine mesure, dans les pays africains également.

Mais projetons-nous à l'époque actuelle et généralisons. En Afrique francophone, l'éducation scolaire se fait généralement en français[72], lorsqu'elle se fait[73], c'est-à-dire dans une langue que les grands-parents du village comprennent peu et les parents à peine un peu mieux. Certaines sociétés traditionnelles, telles que celle des Samos, ont *grosso modo* conservé leur mode de vie ancestral basé sur l'agriculture. Mais leur vie est bien différente de celle de leurs ancêtres. Ils bénéficient maintenant de certains bienfaits de la modernité par exemple dans le domaine de la santé, de l'éducation ou de l'adduction d'eau et d'électricité, et ils sont dorénavant en contact quotidien avec des ingénieurs, des techniciens, des enseignants, des médecins, et des étrangers, tous francophones, et qui disposent de tous les accessoires de la vie moderne : voitures, téléphones, logements climatisés, etc. Un autre choix de vie semble possible, et la promesse d'une vie meilleure devient irrésistible. C'est pourquoi les parents acceptent la scolarisation de leurs enfants en français, pour laquelle ils sont même prêts à faire des sacrifices. Les arrière-petits-enfants des Samos que Françoise Héritier a connus

---

[72] On évoquera plus loin le projet ELAN mené par l'OIF (*Organisation internationale de la francophonie*) qui développe une expérience d'enseignement conjoint du français et d'une langue nationale africaine dans huit pays africains.
[73] D'après une étude de l'UNICEF en 2015, le taux de scolarisation en Afrique francophone est de 55% en moyenne (https://www.unicef.org/french/progressforchildren/2005n2/westcentralafrica.php).

savent désormais qu'ils peuvent devenir médecins, sages-femmes, instituteurs, ou même anthropologues s'ils passent par les rituels scolaires adéquats. La notion de place immuable et prédéterminée dans la société a alors toutes les chances de voler en éclats. Et avec la liberté du choix commence l'angoisse des décisions : quelle place dans la société est-ce que je veux occuper ? Est-ce possible ? Qu'est-ce qui m'en empêche ? Il s'ensuit des questions plus métaphysiques : qui suis-je ? Pourquoi suis-je sur terre ? Quel est le sens de ma vie ? Que dois-je faire de ma vie ? C'est à ce moment-là qu'apparaissent les questions d'identité. Et les réponses qu'on leur donne impliquent des choix qui peuvent être difficiles et lourds de conséquences.

La majorité des enfants vont sans doute rester au village après leur scolarité, avec un bagage français minimal mais réel, qui ne sera pas sans conséquences sur leur avenir, ainsi qu'il sera vu plus loin. Ceux dont les parents ont les moyens vont sans doute partir à la capitale ou à l'étranger faire des études. Peu d'entre eux vont revenir au village pour faire bénéficier les villageois de leurs compétences. Ils préféreront vivre une vie plus conforme à la « modernité » à l'étranger, ou bien dans les grandes villes de leurs pays, où ils rejoindront les classes dominantes et moyennes. Ils vivront séparés de leur culture ancestrale dans laquelle ils ne se reconnaîtront plus d'une manière naturelle, anthropologiquement déterminée comme chez les Samos étudiés par Françoise Héritier. Ils peuvent alors adopter l'un ou l'autre de deux grands types d'attitudes, le rejet ou l'identification.

Les ressorts du rejet sont complexes. Les Africains qui ont acquis les compétences professionnelles de la modernité et la maîtrise du français vont bénéficier de positions avantageuses dans la société. Certains penseront alors, peut-être, que leur culture d'origine ne peut soutenir la comparaison avec la prestigieuse culture française et ils concevront une sorte de honte d'appartenir à une culture qu'ils pensent arriérée, qui peut se transformer en mépris et en rejet. La génération suivante, que les parents ont largement élevée en français, a alors tendance à rejeter la langue ancestrale. Lorsque je demandais à mes étudiants africains quelles langues ils parlaient, ils me répondaient invariablement : « le français et l'anglais ». A ma demande concernant leurs langues africaines, ils mentionnaient le wolof, le bambara, ou le lingala, mais avec une certaine gêne, précisant parfois qu'ils les comprenaient, mais ne les parlaient pas, comme si c'était un moindre mal[74]. Cette attitude trouve sans doute sa source dans le fait que je leur ai rappelé des origines auxquelles ils ne s'identifient plus.

Ce type de rejet est très fréquent dans les contacts de langue inégalitaires. Ce fut le cas du yiddish alsacien. Le linguiste Paul Lévy écrit en 1954 que « le judéo-alsacien a assez mauvaise presse, même parmi ceux qui l'utilisent encore, à plus forte raison parmi ceux qui l'ont abandonné, et enfin et surtout parmi tous ceux pour qui il a toujours été un corps étranger, un parler incompréhensible et de ce seul fait suspect ». « De larges milieux juifs eux-mêmes, depuis longtemps, le considèrent comme trivial, en tout cas comme moins "chic" que le français. Un inspecteur des écoles juives, il y a plus d'un siècle déjà, ne l'a-t-il pas appelé "un jargon ridicule et grossier…, reste honteux d'une antique barbarie" ? »[75]. Cinquante ans plus tard, alors qu'il n'y a presque plus de yiddishophones, on n'entend pas le moindre commentaire dépréciatif sur cette langue, bien au contraire, tout le monde loue sa beauté et son expressivité et déplore sa perte ; on recueille proverbes et dictons, on publie des lexiques et des recueils de poèmes et de chansons, que peu de gens parviennent encore à lire. Ce phénomène touche aussi l'alsacien depuis l'après-guerre, une époque où les Alsaciens ont commencé à avoir honte de leur langue. « C'est chic de parler français », disaient des affiches après 1945. Ce n'est que lorsque la langue ancestrale est moribonde que la perte devient évidente. L'accord se fait alors chez les descendants de ceux qui ne l'ont pas enseignée à leurs enfants, chez ceux qui ne la parlent plus, sur la beauté irremplaçable de la presque défunte langue. Mais il est alors trop tard. C'est à ce moment-là qu'on baptise les rues et les villes de noms en langue

---

[74] Les jeunes Alsaciens donnent souvent la même réponse à propos de leur langue ancestrale.
[75] Paul Lévy 1954.

locale. La folklorisation d'une langue est ainsi le signe paradoxal de sa fin. Les générations suivantes mettent alors souvent leur mal-être éventuel sur le compte d'une identité injustement perdue par la faute du groupe majoritaire, ce qui peut produire des revendications identitaires souvent désespérées, parfois violentes. Le terrorisme puise volontiers dans cette frustration, comme au Pays Basque espagnol, en Bretagne il y a quelques années, ou bien en Corse.

En Afrique, le processus anthropologique qui mène à la fin des langues locales n'en est qu'à ses débuts. Pour l'instant, on ne constate pas de folklorisation, ce qui est le signe que les langues africaines sont encore vivaces et qu'on peut donc théoriquement les sauver. Il sera vu comment plus loin dans le texte.

D'autres Africains dont l'éducation fut une réussite vont au contraire vouloir s'identifier à leurs cultures ancestrales, en phase en cela avec l'attitude tolérante de la société occidentale qui valorise dorénavant la différence et l'authenticité, ou du moins prétend le faire. Ils reviennent alors au village pour faire profiter les villageois de leurs compétences fraîchement acquises, et ils deviennent enseignants, infirmières, médecins, techniciens, etc. Mais ils constatent vite que leurs rapports avec les villageois n'ont rien de particulièrement harmonieux. Tout d'abord, ils ne retournent pas à la terre, ce qui les coupe du fondement économique de leur culture, et leurs emplois bien rémunérés sont ceux de la « modernité », jalousés et enviés par les villageois. Ils constituent alors une couche privilégiée dans le village, et ils emploient volontiers les villageois comme personnel domestique. Ensuite, ils doivent constater qu'ils ne peuvent pas parler de leurs connaissances en langue ancestrale parce qu'elle n'a pas les mots pour cela. Leur propre maîtrise de la langue s'affaiblit et ils la mélangent avec du français, parfois dans la même phrase. Tout cela peut finir par en amener certains aux mêmes attitudes négatives que ceux qui ont rejeté d'emblée leur culture. Ceux-là parviennent alors à la conclusion qu'il leur est impossible d'éduquer leurs enfants uniquement dans la langue ancestrale s'ils veulent leur donner une chance de faire une carrière analogue à la leur. Ils pensent alors que l'enseignement doit se faire en français, et de préférence dans une « bonne » école, c'est-à-dire un établissement privé ou semi-privé que les enfants des villageois ne fréquentent pas, ou peu. Les hiérarchies sociales vont alors se transmettre et se pérenniser.

Mais c'est aussi cette population francophone ouverte sur sa culture d'origine qui est à l'origine d'une production littéraire et artistique toute nouvelle, celle d'une francophonie assumée qui se forge une culture moderne sur des fondements africains reconnus et célébrés. Les chantres pionniers de la négritude que furent Félix Houphouët-Boigny et Léopold Sédar Senghor ont tenté, et réussi, une synthèse entre la culture africaine et la modernité en français. Leur exemple a été suivi par de nombreux écrivains et artistes, dont les œuvres novatrices donnent aux cultures africaines une reconnaissance certaine à l'étranger et au pays, ce qui pourra en faciliter l'essor. Pour s'investir dans le développement de sa culture, il faut en effet être persuadé de sa valeur, et cette valeur se construit par la production d'œuvres de qualité.

Les villes

Lorsque les promesses de l'éducation n'ont pas été tenues, certains jeunes villageois sommairement éduqués avec une maîtrise orale du français rudimentaire sont alors tentés de s'installer dans les grandes villes. Ils ont alors toutes les chances de se retrouver dans les bidonvilles qui s'étendent aux confins des capitales et des métropoles locales. Leur vie est alors coupée de la culture traditionnelle du village, dont il ne reste que des habitudes éparses et faiblement structurantes qui ne sont plus en phase avec la culture ancestrale. Ils utilisent des français populaires comme le nouchi en Côte d'Ivoire ou le camfranglais au Cameroun pour communiquer parce que les habitants de ces quartiers sont issus d'ethnies diverses et qu'ils ne se comprennent pas forcément entre eux. La langue ancestrale continue d'être utilisée avec ceux de la même ethnie, mélangée avec du français et des éléments d'autres langues africaines. Ces usages aléatoires ne sont pas sans influence sur le français *lingua franca*, qui s'enrichit alors d'expressions et de tournures africaines. On constate dans des villes comme Abidjan, Dakar ou Kinshasa un certain bouillonnement culturel populaire, surtout dans la musique, la danse et le cinéma, qui est le fait, moins des milieux éduqués que des populations originaires des villages encore porteuses d'une culture africaine traditionnelle. Cette intense production artistique peut leur permettre de se construire un nouvel avenir culturel, réellement africain d'une certaine manière, qui leur donnera un sentiment d'appartenance et une cause de fierté. Cette culture ne sera plus celle du village, et elle ne sera pas celle des classes dominantes éduquées très francophones. Si la *lingua franca* persiste dans le temps, elle possède de bonnes chances de se développer en une langue française africaine non-standard, une langue d'une culture toute nouvelle avec ses mérites propres, et qui donnera ensuite à ses locuteurs, du moins à leurs enfants, un accès plus facile au français standard étudié à l'école[76].

L'émigration et la diaspora africaine

Beaucoup d'Africains vivent désormais dans cette nouvelle société qui se constitue dans les villes africaines à la marge de la civilisation occidentale, dans la pauvreté et la précarité, mais remplie des rêves d'une vie meilleure dont l'Occident est le modèle. Leur maîtrise même sommaire du français peut leur donner l'espoir d'une intégration réussie et pleine de promesses en Europe, surtout en France, et beaucoup de jeunes gens sont alors des candidats à l'émigration. Ils trouvent dans les pays occidentaux un mode de vie moins misérable, avec une certaine protection sociale et la possibilité d'envoyer leurs enfants à l'école et de les faire soigner quand ils sont malades. Leurs espoirs seront alors reportés sur la génération suivante.

Quel est le destin de ces populations émigrées ? L'histoire montre qu'en France les populations immigrées s'intègrent dans la population englobante au bout de deux ou trois générations au point d'y disparaître complètement par abandon des langues et des cultures

---

[76] Le français populaire ivoirien (FPI) est un bel exemple d'une telle langue.

d'origine. Contrairement à ce qu'on pourrait croire, c'est aussi le cas des musulmans de France, en voie d'intégration rapide. Le terrorisme autochtone, celui des musulmans de deuxième ou troisième génération, n'est qu'un épiphénomène statistiquement insignifiant. Il est le fait, généralement, de jeunes gens peu éduqués, souvent délinquants, manipulés par des théologiens intégristes qui poursuivent des rêves chimériques de pouvoir et de revanche sur l'Occident. Leur capacité de nuisance est élevée, mais il est possible d'y mettre un terme rapidement en s'occupant mieux des jeunes, en les intégrant plus efficacement, et en favorisant l'émergence d'un islam moderne adapté au monde dans quel vivent les musulmans, cessant de propager des interprétations soi-disant littérales du Coran, qui ne sont que les produits frelatés de l'ignorance et de la bêtise[77].

Il n'y a aucune raison de penser que les immigrants africains ne vont pas suivre le schéma général de l'intégration. Certains penseront peut-être que la couleur de leur peau restera comme un stigmate qui les fera toujours remarquer et donc rejeter. C'est possible, et certains seront certainement victimes de racisme, mais une éducation publique bien menée peut très certainement réduire considérablement le risque de ségrégation.

Le destin des immigrés africains est alors de disparaître culturellement et linguistiquement dans le pays d'accueil. Les langues ancestrales sont dans l'ensemble déjà largement abandonnées par les immigrants africains, qui ont tendance à parler français à leurs enfants. La culture suivra sans doute le même chemin, sauf quelques éléments plus ou moins folkloriques qui demeureront, par exemple, la gastronomie ou la coiffure. Les Africains restés au pays ne devront dès lors pas trop compter sur les émigrés pour développer leurs langues et leurs cultures. Il n'y aura vraisemblablement pas de diaspora africaine structurée et agissante.

---

[77] Voir à ce sujet les ouvrages de Mathieu Guidère sur le monde arabe et musulman, en particulier *Le printemps islamiste : Démocratie et Charia*, Ellipses, 2013, et *Sexe et charia*, Éditions du Rocher, 2014.

La possibilité de l'échec

Cette évolution de l'Afrique est enclenchée, qu'on le veuille ou non, et le retour au *statu quo ante* ne peut plus guère être envisagé. Il y a très peu de chances qu'on voie les Africains retourner aux modes de vie évoqués par exemple dans les films ethnographiques de Jean Rouch des années cinquante.

Des possibilités se sont ouvertes aux jeunes générations africaines, qu'il faudra leur permettre de saisir sous peine de voir des régions entières sombrer dans la violence. Car en l'absence de perspectives et d'espoir, des idéologies peuvent se construire sur le mythe du retour à un passé fantasmatique ressenti comme idyllique. Rappelons que le nom des rebelles du nord du Nigéria, *Boko Haram*, signifie *l'éducation occidentale est impie*, d'où leurs attaques contre des écoles, en particulier de filles, parce que c'est dans le rapport avec les femmes que les changements impulsés par le contact avec l'Occident sont particulièrement importants et troublants, surtout dans les régions musulmanes. Ils ont ainsi correctement identifié la source directe de leur aliénation, l'école, qui leur a donné des espoirs vite envolés tout en détruisant leur culture ancestrale. Mais ils ont oublié qu'elle provenait d'une démarche largement volontaire de leurs parents et grands-parents, et de leur société toute entière qui mettait tous ses espoirs dans l'éducation. Les Occidentaux n'ont généralement pas eu conscience de l'impact négatif de leur domination culturelle et linguistique ; au contraire, l'idée d'aider les Africains à parvenir à une vie meilleure par l'éducation était une motivation puissante de l'action du colonisateur, et par la suite de celle des politiques d'aide au Tiers-Monde. Et de fait, beaucoup d'Africains ont eu des carrières brillantes qu'ils n'auraient pas eues sans une éducation occidentale.

Synthèse de la situation actuelle

En Afrique, ce sont donc les villages qui sont les principaux dépositaires des langues et des cultures ancestrales. Mais l'éducation en français, l'évolution économique et le désir d'une vie meilleure sur le modèle occidental provoque une attrition de leurs forces vives qui risque tôt ou tard d'assécher le réservoir linguistique et culturel qu'ils constituent. Une partie des villageois s'en est déjà allée pour constituer les classes dominantes et moyennes très francophones, qui vivent essentiellement dans la capitale et les grandes villes. Un flux constant de jeunes sommairement éduqués les quitte en quête d'une vie meilleure et se retrouve soit dans les banlieues et les bidonvilles des grandes métropoles, où se développe un français *lingua franca* africanisé, soit dans les pays occidentaux où l'assimilation leur fera perdre le contact avec leurs langues et leurs cultures ancestrales à l'horizon de deux générations. Ces deux groupes sont à l'origine de productions culturelles et littéraires de grande qualité.

Si rien n'est fait, ces pays sont inéluctablement en route vers une situation sociale de type occidental, avec une classe dominante et des classes moyennes très francophones ayant gardé peu de contacts avec le village, et un prolétariat urbain faisant usage d'une *lingua franca* spontanée et de langues patrimoniales dégradées. Les terres des villages, si elles sont fertiles, seront accaparées par des grands propriétaires ou des entreprises qui exploiteront des cultures industrielles : coton, palmier, noix de coco, cacao, café, etc. et les villages seront progressivement réduits, dans le meilleur des cas, à des entités folkloriques et touristiques, comme certains villages en France et ailleurs. Beaucoup disparaîtront corps et biens.

Que faire alors ? On peut évidemment laisser le processus suivre son cours « naturel », et l'Afrique francophone ressemblera bientôt à la Gaule des Gallo-romains parlant des dialectes bas-latin à la place des langues celtiques ancestrales, ou à la France actuelle où le français standard a pris le pas sur les langues régionales, que seules rappellent encore quelques particularités lexicales ou phonologiques dans la langue commune. Les langues africaines seront perdues pour les Africains, et le monde ne connaîtra jamais leurs potentialités créatives.

On pourrait aussi circonscrire les villages encore très « africains », les maintenir à l'écart de toute influence extérieure et laisser les villageois y vivre la vie traditionnelle de leurs ancêtres. Leurs langues et leurs cultures seraient alors maintenues, mais ils vivraient dans des sortes de musées à ciel ouvert où leur folklorisation serait inéluctable, et donc, du même coup, qu'on le veuille ou non, leur intégration à la société englobante, ce qui entrainera très probablement l'abandon à terme de leurs langues[78]. Mais d'un point de vue éthique, de quel droit les priverait-on de certains bienfaits de la modernité comme la santé et l'éducation ?

On pourrait enfin développer l'enseignement d'une langue locale. Mais l'expérience a été tentée, notamment en Somalie, avec des résultats mitigés. Le président somalien Siad Barré, arrivé au pouvoir en 1969, a somalisé l'enseignement à partir de 1972. Le Conseil Suprême de la Révolution a adopté un système de transcription du somali en caractères latins élaboré par un linguiste somalien Shire Jama Ahmed, et il l'a imposé comme langue d'enseignement dans tout le pays. D'une certaine manière, ce fut une bonne chose, car avant cela, seule une infime minorité de Somaliens était alphabétisée en italien ou en anglais, les langues des deux anciennes puissances coloniales. Mais le standard choisi était le dialecte d'une des factions du pays, pas nécessairement compris par les locuteurs des autres dialectes, auxquels il fut imposé en même temps que l'hégémonie de la faction au pouvoir. Un autre problème était l'absence de textes littéraires ou scientifiques en somali. Il n'y avait donc littéralement rien à lire une fois qu'on était alphabétisé, en dehors de la propagande officielle. J'ai eu l'occasion d'examiner un manuel d'alphabétisation en somali et j'ai constaté que la plupart des textes étaient à la gloire de Siad Barré et du socialisme triomphant. Les Somaliens se sont ainsi retrouvés fermés sur eux-mêmes, sans ouverture sur le reste du monde, endoctrinés par la propagande gouvernementale, et aussi, ne l'oublions pas, par celle des islamistes, les seuls qui disposaient d'un corpus de textes structuré compris par nombre de musulmans somaliens. Siad Barré a ensuite mené le pays dans une guerre de conquête désastreuse contre l'Éthiopie voisine, à

---

[78] C'est ce qui est arrivé aux Hurons, une tribu amérindienne installée dans la réserve de Wendake au nord de la ville de Québec. Elle est entièrement francophone et vit largement du tourisme et de la vente d'objets artisanaux traditionnels. Vivre du folklore ne nécessite pas la maîtrise de la langue ancestrale.

laquelle il voulait prendre l'Ogaden, un vaste territoire essentiellement peuplé de Somalis, pour former la « Grande Somalie » qui devait aussi, à terme, regrouper les autres régions peuplées de Somalis, à savoir le nord du Kenya et Djibouti. La guerre fut perdue en 1978. Elle fut suivie de troubles profonds qui aboutirent à la disparition de l'État en 1991, après la chute de Siad Barré. Le pays a alors sombré dans le chaos. Il s'est divisé en factions rivales, dont certaines islamistes, dirigées par des seigneurs de la guerre qui se sont installés dans une série d'états autoproclamés non reconnus. La langue somalie standardisée en 1972 est à nouveau utilisée pour l'alphabétisation dans certaines régions, en particulier par le moyen de la radio, avec quelque succès, semble-t-il. Elle commence même à servir même de *lingua franca* à travers tout le pays. Si la guerre cesse et que le chaos se résorbe, il est possible que le somali standard puisse s'imposer comme la langue du pays et devienne une langue de culture. L'avenir nous le dira…

Des politiques linguistiques pour l'Afrique

L'abandon d'une langue par ses locuteurs est un phénomène banal, très fréquent à l'échelle de l'histoire. Pourtant des cultures traditionnelles ont survécu à la confrontation avec des cultures plus puissantes et ont même prospéré. C'est le cas du Japon, qui s'est volontairement modernisé à partir de 1868, une période appelée la Restauration de l'Ère Meiji. Il a acquis certains aspects de la culture occidentale, mais il a persévéré dans son être au point de continuer à produire des œuvres immenses en littérature, en peinture, au cinéma...

Qu'est-ce qui différencie le cas du Japon de celui d'autres peuples acculturés, en Afrique par exemple ? C'est le maintien de la langue. Tant qu'un peuple parle sa langue dans tous les domaines de son expérience collective, il est en mesure de développer son génie propre.

Il faut donc concevoir des politiques linguistiques et éducatives qui permettent à la fois le développement des langues et cultures ancestrales et l'intégration au monde globalisé qui se met en place.

Anthropologie de l'anglicisation

L'objectif principal est de favoriser l'amélioration du niveau de vie des habitants, ce qui suppose tout d'abord une éducation qui permette le développement des potentialités de chaque enfant. Le premier principe devrait ainsi être ainsi l'alphabétisation dans la langue maternelle des enfants. Dans la plupart des pays africains, on parle jusqu'à plusieurs dizaines de langues ancestrales, dont un grand nombre ne sont pas écrites, et lorsqu'elle le sont, elles ne disposent pas souvent de l'appareil linguistique et pédagogique nécessaire à l'enseignement, à savoir des dictionnaires, des grammaires, des méthodes pédagogiques, des anthologies de textes, etc. C'est pourquoi les pays africains ont choisi d'alphabétiser la population dans la langue coloniale parce qu'ils disposaient à la fois de l'appareil pédagogique et linguistique, établi de longue date, et de citoyens maîtrisant la langue coloniale susceptibles de devenir enseignants après formation. Le français (et l'anglais en Afrique anglophone) agissait en outre comme *lingua franca* au sein du pays lui-même et dans la communication avec les pays francophones voisins. Cette langue donne par surcroît accès à un corpus de connaissances considérable et très ancien, en phase avec le monde moderne, qui ouvre les Africains sur une sorte d'universalité.

Dans certains pays africains, on a imposé l'enseignement dans une langue locale, comme en Somalie (voir *supra*). L'expérience somalienne aurait pu réussir parce que les Somaliens parlent tous une variété du somali, et d'ailleurs elle le pourrait encore si la paix et l'ordre s'installaient. Une telle homogénéité est rare en Afrique, où la plupart des pays sont très multilingues. En Tanzanie, le swahili est la langue d'enseignement du primaire, mais il n'est la langue maternelle que d'une minorité de Tanzaniens. Il n'y a donc pas de gain pédagogique pour la plupart des enfants. Très peu d'entre eux poursuivent leurs études dans le secondaire, où la langue d'enseignement est l'anglais, parce qu'ils sont souvent en situation d'échec à l'issue du primaire. En outre, le swahili, au contraire du français ou de l'anglais, n'ouvre pas les élèves sur la totalité des connaissances du monde. L'enseignement du swahili, s'il est un vecteur d'unification du pays, ne facilite pas la réussite des élèves.

Disons ici quelques mots sur le projet ELAN-Afrique (*Écoles et langues nationales en Afrique*) mené depuis 2012 par l'OIF (*Organisation internationale de la francophonie*) avec l'AFD (*Agence française du développement*), l'AUF (*Agence universitaire de la francophonie*) et le MAEE (*Ministère des affaires étrangères et européennes*), en collaboration avec les ministères de l'Éducation Nationale locaux. Il concerne huit pays africains (Bénin, Burkina Faso, Burundi, Cameroun, Mali, Niger, République Démocratique du Congo, Sénégal) et « vise la promotion et l'introduction progressive de l'enseignement bilingue au primaire articulant une langue africaine et la langue française »[79]. L'idée est d'enseigner l'enfant dans sa langue maternelle, « ou du moins dans une langue qu'il comprend » et de se servir des compétences acquises dans cette langue pour l'apprentissage du français. On en attend de meilleurs résultats tant dans la langue maternelle que dans l'apprentissage du français, et il semble que les premiers résultats soient prometteurs[80].

Il s'agit là très certainement d'un excellent projet, tout à fait innovant, un grand pas en avant dans la bonne direction. Cependant, il ne concerne à l'heure actuelle que quelques centaines d'élèves dans chacun des huit pays. Il faudrait généraliser l'expérience à l'ensemble de la population scolaire, ce qui représentera des coûts importants que ces pays ne pourront couvrir seuls : un programme d'aide international sera nécessaire sur plusieurs années. Ensuite, et surtout, le projet ELAN-Afrique ne concerne que la langue majoritaire dans chacun des pays. Or il n'y a de gain pédagogique réel que si les enfants sont éduqués dans leur propre langue maternelle. Il faudra donc fournir le même effort pour toutes les langues patrimoniales, ce qui ne se fera pas sans difficultés. Cependant, c'est la seule voie si on veut que les langues africaines aient une chance de survivre aux prochaines décennies.

---

[79] Les passages entre guillemets sont extraits du document de présentation du projet, consultable sur le site https://www.francophonie.org/IMG/pdf/OIF-ELAN-DEF.pdf
[80] D'après la synthèse des résultats publiés sur http://www.elan-afrique.org/sites/default/files/fichiers_attaches/synthesecren-web.pdf.

L'enseignement dans la langue maternelle des enfants leur permettra d'apprendre à lire et écrire dans la sécurité linguistique et de bénéficier de l'aide des parents, ce qui permettra de les intégrer au travail fait en faveur de leurs enfants. Une fois les enfants installés dans leur langue maternelle, on peut progressivement introduire le français (en Afrique francophone) jusqu'à aboutir à un enseignement bilingue, comme le fait le projet ELAN-Afrique. Si le pays dispose d'une langue nationale africaine qui n'est pas la langue maternelle de tous, elle pourra être enseignée à partir du secondaire.

A la fin du secondaire, les élèves maîtriseront leur langue maternelle, le français, et éventuellement une autre langue africaine, et peut-être aussi d'autres langues étrangères. Toutes ces langues s'enrichiront alors par néologie et par emprunts. Au bout de quelques générations, certaines langues africaines seront aussi riches que les langues coloniales, qui devront cependant continuer d'être enseignées, ne serait-ce que pour disposer d'une *lingua franca* et d'une ouverture sur la totalité des connaissances. Si les langues ancestrales sont également utilisées à l'université et dans la recherche, elles pourront contribuer à la production des connaissances, enrichissant ainsi le monde de points de vue particuliers. Bien sûr, les langues ancestrales auront alors considérablement évolué et ne ressembleront plus beaucoup à leur état actuel. Mais c'est le sort naturel des langues d'évoluer avec le temps et les changements économiques et sociaux.

Il faudra aussi que les enfants africains francophones apprennent l'anglais, ne serait-ce que pour communiquer avec les Africains anglophones, qui eux, devraient apprendre le français pour les mêmes raisons. Mais il faudra circonscrire cette langue à deux rôles, celui de *lingua franca* mondiale, et celui d'ouverture sur la totalité des connaissances, rôles que joue aussi le français. Si la France continue d'angliciser son université et sa recherche, l'Afrique francophone n'aura pas d'autre choix que de passer à l'anglais pour son accès à la connaissance ; elle sera alors tentée par l'abandon du français comme langue nationale comme l'ont fait le Vietnam, le Cambodge et le Rwanda. Certes le changement dans ces pays ne s'est pas mis en place grâce à une décision politique mûrement réfléchie ; il s'est fait à l'issue de guerres sanglantes, où les élites francophones ont été exterminées, comme au Cambodge, ou bien remplacées par des élites anglophones comme au Vietnam ou au Rwanda. Jusqu'à présent aucun pays francophone n'a mis en place de véritable politique linguistique de remplacement du français par une autre langue, et les quelques velléités en ce sens ont fait long feu, comme à Madagascar ou en Algérie. Mais rien ne dit que cela ne risque pas d'arriver un jour. En tout cas, nous avons un devoir vis-à-vis de l'Afrique et des francophones du monde entier, celui de persévérer dans notre usage du français pour la production des biens et des connaissances.

Ces questions linguistiques ne concernent pas que l'Afrique. La disparition des langues régionales en France et ailleurs fut largement causée par l'absence de politiques plurilingues à l'école. Après la guerre, la langue ancestrale était encore utilisée partout en Alsace, dans les familles, dans la rue, dans les magasins, au travail, dans l'administration. Seule l'école était en français, et nous avions interdiction d'y parler l'alsacien. Nous le faisions tout de même, au risque d'être punis, non par esprit de révolte (je ne me souviens pas de commentaires contre l'apprentissage du français, au contraire tout le monde pensait que c'était une bonne chose), mais parce cela nous était naturel. Je ne me souviens pas avoir éprouvé de difficultés particulières dans mes études à cause du français, mais sans doute d'autres en avaient-ils, car très peu d'entre nous avons fait des études supérieures, si j'en juge par le destin de mes amis d'enfance.

Enseigner en alsacien n'aurait pas été une option à l'époque en raison de l'absence d'une langue standardisée et d'appareils pédagogiques et linguistiques, comme c'est le cas pour beaucoup de langues africaines. Ce qui aurait été possible, en revanche, c'est une éducation bilingue français / allemand, qui aurait permis à certains de se développer dans la langue de Goethe, à d'autres dans celle de Molière, voire dans les deux. De tout cela aurait sans doute résulté un trilinguisme français, allemand et alsacien. Cette dernière langue aurait continué d'être enrichie par l'allemand, comme ce fut le cas jusqu'à la guerre, où l'alsacien était considéré comme un dialecte germanique, au même titre que le souabe ou le bavarois, et dont l'allemand était la langue écrite (ma grand-mère écrivait en allemand). On aurait pu par la suite mettre en place un enseignement de l'alsacien aux populations originaires d'autres parties du monde, immigrées en Alsace, comme le fait le Luxembourg avec la langue locale, le luxemburgisch, proche de l'alsacien, enseigné à l'école.

On va maintenant se pencher sur la situation en France et en Europe et essayer de formuler des recommandations à la lumière des analyses faites jusqu'ici.

CHAPITRE 6

Nécessaire clarification du débat

Le « Discours Politico-Linguistiquement Correct » et le « droit à la langue »

Avant de poursuivre, nous examinons le point de vue du sociolinguiste Louis-Jean Calvet, qui utilise une métaphore écolinguistique pour décrire les relations entre les langues :

> La métaphore écolinguistique suppose [...] différents niveaux d'analyse. Le niveau supérieur est celui de l'organisation mondiale des rapports entre les langues. Pour le décrire, on utilise un modèle fondé sur le fait que les langues sont reliées entre elles par des bilingues et que le système des bilinguismes, leur étagement, nous permet de présenter leurs relations en termes gravitationnels. Autour d'une langue hypercentrale (l'anglais) gravitent ainsi une dizaine de langues super-centrales (le français, l'espagnol, l'arabe, le chinois, le hindi, le malais, etc.) autour desquelles gravitent cent à deux cents langues centrales qui sont à leur tour le pivot de la gravitation de quatre à cinq mille langues périphériques[81].

---

[81] Louis-Jean Calvet, « Mondialisation, langues et politiques linguistiques », texte trouvé sur le site du *Gerflint (Groupe d'études et de recherches pour le français langue internationale)*, sans mention de date, http://gerflint.fr/Base/Chili1/Calvet.pdf.

Il note par ailleurs l'existence
d'un Discours Politico-Linguistiquement Correct ou discours PLC.
Celui-ci se présente comme une suite de principes à prétention
universelle sur lesquels se fonde une sorte d'éthique de la profession du
linguiste. En voici un petit florilège:
- Toutes les langues sont égales
- Toutes les langues (au prix pour certaines d'un travail néologique)
peuvent exprimer de la même façon tout le savoir humain
- Toutes les langues doivent être écrites
- Les langues minoritaires ont droit à une reconnaissance officielle
- Les langues, éléments du patrimoine ou espèces menacées, doivent être
protégées, au même titre que les baleines ou les bébés phoques
- **Les locuteurs ont droit à un enseignement dans leurs langues
premières**
- Perdre sa langue c'est perdre ses racines, sa culture
- Etc.

Le lecteur aura remarqué que je soutiens fortement un de ces
principes « politico-linguistiquement correct », à savoir « les
locuteurs ont droit à un enseignement dans leurs langues premières »
(sauf que je ne l'ai pas exprimé en termes de « droit », une différence
essentielle, ainsi qu'il sera vu plus loin), et que les autres sont en
filigrane dans mon argumentation. Pour Louis-Jean Calvet,
l'application de ces principes politiquement corrects peuvent polluer
la conception de politiques linguistiques et les rendre contreproductives. Effectivement. Si on reprend l'exemple de l'alsacien,
quelles auraient été les conséquences de la mise en œuvre d'un
« droit » à être éduqué dans cette langue pour les jeunes Alsaciens de
l'après-guerre ? Disons-le tout nettement : elles auraient été
largement négatives. Tout d'abord, comme il a été dit, l'alsacien ne
disposant pas de standards ni d'appareils pédagogiques et
linguistiques conséquents, son enseignement aurait été difficile et
peu pratique, avec aucune garantie d'intercompréhension entre ses
différentes variétés. Ensuite, il aurait fallu fournir un effort
néologique considérable pour y introduire les terminologies
techniques et scientifiques, ce qui aurait été pour le moins artificiel
en raison d'une absence de demande et de nécessité, les locuteurs de

l'alsacien utilisant à l'époque le français ou l'allemand dans leurs usages professionnels. Enfin, les Alsaciens se seraient refermés sur une langue isolée, proche seulement du luxemburgish et de quelques autres dialectes germaniques. De plus, cet enseignement, s'il avait pu être mis en place, aurait peut-être été, à terme, le moteur d'une tentation sécessionniste par rapport à la France et de distanciation par rapport à l'Allemagne, ce qui aurait peut-être abouti à un rejet du français et de l'allemand, et donc, finalement leur remplacement par l'anglais pour les nécessités de la communication interrégionale (comme c'est le cas ailleurs, ainsi qu'il sera vu ci-dessous).

Les politiques linguistiques ne sont pas neutres, et leurs effets à long terme sont difficiles à prévoir. En Belgique, personne ne pensait, lors de l'introduction du néerlandais dans les écoles flamandes à partir du XIXème siècle, que les tensions intercommunautaires entre Wallons et Flamands atteindraient plus d'un siècle plus tard un point où une sécession de la Flandre n'est plus du domaine de l'impensable. En Catalogne, le développement du catalan à l'école a eu pour effet de minorer l'importance du castillan et d'attiser les tensions séparatistes[82]. Dans ces deux pays, l'apprentissage massif de l'anglais en LV1 donne le sentiment aux locuteurs tentés par la sécession qu'ils pourraient se passer des langues nationales (néerlandais et français en Belgique, castillan en Catalogne) et les remplacer par l'anglais pour la communication avec les autres communautés nationales. C'est déjà largement le cas en Belgique. L'anglais est alors considéré comme une arme

---

[82] Voir par exemple Herreras 2016. Au moment où ce texte est relu (octobre 2017), les Catalans se sont prononcés pour l'indépendance de leur région dans un référendum illégal. Espérons qu'ils prendront conscience des conséquences désastreuses qu'entraînerait une telle décision, non seulement pour eux-mêmes et l'Espagne, mais aussi pour l'Europe toute entière, qui risque d'être taillée en pièces par des nationalismes particulièrement étriqués sans autre projet que de cesser de payer des impôts au profit des régions moins riches. Il faudrait leur rappeler qu'un des fondements de l'Union Européenne, c'est justement la solidarité, dont ils ont largement profité après la dictature de Franco. Ce serait bien leur tour de faire un effort pour les autres…

« libératrice » contre la langue de l'oppresseur, le chemin vers la délivrance.

Les politiques linguistiques basées sur un « droit à la langue » ne sont pas sans danger, ainsi que le montre Gianmario Raimondi dans un article sur les « Langues régionales italiennes, entre identités locales et droits linguistiques »[83]. Il aboutit à une remise en cause « de l'idée même de droit linguistique illimité ». Contrairement à certaines prédictions pessimistes, il semble bien que les dialectes jouissent d'une vitalité extraordinaire dans la péninsule, entièrement italophone, mais où près de la moitié de la population utilise le dialecte local dans la vie de tous les jours. L'auteur s'inquiète cependant de certaines revendications extrémistes à l'égard du « centralisme linguistique », en particulier dans le nord de l'Italie, qui pourraient aboutir à la fin de l'unité nationale et au remplacement d'une langue riche et expressive, l'italien, par des dialectes pauvres en vocabulaire, peu utilisés dans les domaines techniques et scientifiques. (Ajoutons que dans ce cas, l'italien serait vite remplacé par l'anglais, en plein développement dans les universités italiennes). Gianmario Raimundi argumente alors en faveur d'une limitation des droits linguistiques lorsqu'ils sont portés par « des revanchards du dialecte » tendant à privilégier la langue « en tant qu'emblème d'appartenance au groupe », en tant que « point de ralliement psychosocial ».

Les revendications linguistiques peuvent effectivement attiser les tendances centrifuges dans une Europe où les états-nations ne sont pas si anciens que cela, puisqu'ils se sont formés essentiellement au cours des XIXème et XXème siècles. Si les phénomènes sécessionnistes se généralisaient, l'Europe ne serait plus qu'un ensemble de régions plus ou moins indépendantes, arc-boutées sur leurs traditions et leur langue, qu'eux seuls parleraient, communiquant avec les autres Européens en anglais. Ce serait la fin des grandes langues nationales

---

[83] Dans *« Droits linguistiques » et « droit à la langue ». Identification d'un objet d'étude et construction d'une approche.* Actes du colloque international de Strasbourg, 25-26 septembre 2014, sous la direction de Ghislain Potriquet, de Dominique Huck et de Claude Truchot. Lambert-Lucas, 2016.

comme le français, l'allemand, l'italien ou l'espagnol, qui passeraient du niveau « super-central », dans la terminologie de Calvet, à celui de langues, à terme, périphériques, sans qu'on perçoive quelque gain que ce soit pour qui que ce soit[84].

Ces tensions nationalistes sont sous-tendues par des arguments fondés sur l'égalité des langues, une affirmation que nul ne peut contredire sans passer pour un affreux réactionnaire. Certes les langues sont toutes égales en valeur et porteuses de conceptions du monde particulières, mais le fait est que seules une poignée d'entre elles sont universelles, c'est-à-dire capables de donner accès à l'ensemble des connaissances. Il n'y a donc pas d'égalité dans l'usage, il faut le reconnaître, et s'ils veulent accéder à la totalité du savoir, les locuteurs parlant des langues patrimoniales doivent recourir à une langue universelle, *a priori* la langue « super-centrale » de leur pays, s'il en dispose. Il sera argumenté ici, non en faveur d'un « droit à la langue » abstrait et principiel, mais pour le maintien de l'universalité de langues comme le français, l'allemand ou l'Italien et l'accès d'autres langues à ce statut grâce à leur apprentissage à l'école et à leur usage dans la recherche.

Il faut être très prudent avec la notion de « droit à la langue », Calvet et Raimundi ont entièrement raison sur ce point. Cependant, ne rien faire aboutira nécessairement à la fin des langues périphériques. Dès lors, quelles politiques linguistiques concevoir ?

Dans les régions où les langues patrimoniales ont déjà été largement abandonnées par leurs locuteurs, il n'y a sans doute pas de salut possible, ces langues s'apprenant essentiellement dans la famille. Si celles-ci ne remplissent plus cette fonction, on peut bien sûr valoriser les langues patrimoniales et les enseigner à l'école, mais leur maîtrise restera aléatoire et elles ne serviront alors plus guère pour l'expression d'une culture. Leur fonction sera plutôt de servir de marqueurs identitaires, avec toutes les risques de dérive nationaliste que cela comporte.

---

[84] Ce serait aussi la fin de l'Europe, désormais à la merci d'un puissant voisin sur ses marches, tels la Russie ou éventuellement la Turquie, qui pourraient jouer les divisions entre les multiples régions pour avancer leurs pions.

Lorsqu'on construit une politique linguistique, il faut tenir compte des conditions locales et de l'intérêt des populations. C'est pourquoi j'ai proposé plus haut un enseignement bilingue français / allemand en Alsace, qui permettra peut-être de revivifier l'alsacien tout en donnant aux Alsaciens la maîtrise de deux langues « super-centrales » et un accès aux connaissances qu'elles véhiculent. Les langues africaines, quant à elles, sont pour l'instant encore très parlées, surtout en milieu rural. Un enseignement plurilingue comme celui qui est proposé par le projet ELAN-Afrique peut être une solution dès lors qu'on garde à l'esprit les risques de dérive nationaliste.

Rappel des ressorts anthropologiques des abandons de langue

L'avenir est bien sûr imprévisible, mais il n'y a aucune raison de penser que les ressorts anthropologiques à l'œuvre en Afrique et ailleurs (ainsi qu'il a été vu plus haut) ne s'appliquent pas au niveau mondial par rapport à l'anglais. Dans ce cas, si rien n'est fait, à l'horizon de quelques générations, l'anglais ne sera pas juste une *lingua franca* mondiale, il aura peut-être *remplacé* nombre d'autres langues, comme le français a remplacé les langues régionales et est en train de remplacer certaines langues africaines. Que faire ? En tout état de cause, avant d'être en mesure de concevoir une politique linguistique qui donne à toutes les langues une chance de se développer, il faut déblayer le terrain de tout un ensemble de préjugés et d'attitudes dictées non par la prise de conscience et l'analyse, mais par des habitudes de pensée. Les situations sont variables selon les pays. A défaut de pouvoir toutes les analyser dans le détail, on se concentrera sur la situation française, et dans une moindre mesure, européenne.

Rappelons les ressorts anthropologiques du changement de langue. Ils sont de deux ordres. Il y a tout d'abord une domination politique, économique et culturelle *acceptée* par les populations soumises, qui les amène à considérer leurs propres langues et cultures comme inférieure à une autre qui leur semble plus forte et plus prestigieuse. Le premier symptôme de la soumission est ainsi un sentiment de dévalorisation, de honte d'être ce qu'on est ; il est suivi d'un rejet plus ou moins affirmé de la culture ancestrale, puis éventuellement, d'une survalorisation folklorique d'un passé devenu mythique. Le second ressort est d'ordre à la fois plus privé et plus biologique, puisqu'il concerne les stratégies mise en œuvre pour le bien-être et l'avenir des enfants, et donc aussi de celui de la communauté.

Pour ce qui est du rapport domination / soumission, l'Alsace en est au stade folklorique par rapport au français, ainsi qu'il a été vu plus haut. La France n'en est qu'au premier stade, celui de l'auto-dévalorisation. Ses élites se livrent à un abandon militant à l'anglais d'usages stratégiques comme ceux de la production des biens et des connaissances, qu'elles justifient par une infériorité supposée du français, soit extrinsèque (l'anglais domine la scène mondiale, et il faut s'adapter), soit intrinsèque (le français ne pourrait pas exprimer facilement certaines idées). Notre langue est effectivement soumise à un flux permanent d'expressions anglaises qui semblent difficiles à traduire, ce qui nous pousse à les utiliser telle quelles en anglais, par exemple *il fait le job* et *il fait le buzz* (ces exemples seront analysés plus loin), ou bien encore les *happy few*, pour désigner de manière assez moqueuse un groupe restreint de personnes qui se distinguent par telle ou telle connaissance particulière et qui tirent un certain bonheur de cette exclusivité. Il est vrai qu'on a du mal à imaginer un équivalent français aussi condensé, et certains en tirent la conclusion d'une infériorité du français, sans se rendre compte que la situation est exactement la même dans l'autre sens : on a par exemple du mal traduire en bon anglais des expressions comme *l'importance des facteurs économiques* (la traduction mot à mot de ce syntagme n'est pas considérée comme correspondant à l'usage), *bureautique* (qui se traduit par une série d'expression moins générale que le mot français : *office suite, office automation, business software*, etc.), *une problématique* (*issue, problem, theme* ne couvrent pas le terme français) ; *se prendre la tête* (de nombreuses traductions possibles) ; *se montrer conciliant* (le verbe *se montrer* est difficile à rendre) ; etc.

Anciens et modernes, gauche et droite

Par contrecoup à l'impact croissant de l'anglais sur le français, on voit apparaître une certaine crispation, qui revient en fait à reconnaître l'existence de la domination : si les Français étaient plus sûrs d'eux, les changements seraient acceptés sans problème, comme c'est le cas des Anglais, qui adoptent continûment et sans états d'âme des quantités de mots étrangers, dont beaucoup sont français (gourmet, casserole, franchise, chef, parliament, bourgeois, fiancé, ballet, bouillabaisse, cabernet, merlot, cachet, chaise longue, champagne, cliché, sautéed, etc.). Tous ces mots sont d'usage courant. En France, on s'inquiète des menaces sur la langue, dont la « pureté » serait mise à mal par les emprunts. Ces deux attitudes, la crispation et l'abandon, s'analysent assez facilement en termes de querelle d'Anciens et de Modernes. L'élite, qui se perçoit volontiers à la pointe du progrès, est ainsi pro-anglaise, et c'est d'ailleurs elle qui anglicise les entreprises et les universités. Elle considère qu'il faut se débarrasser des vieilleries franco-françaises pour enfin se hisser au niveau du monde moderne déjà anglicisé afin de « rattraper notre retard ». L'auto-dévalorisation s'est installée dans l'esprit des élites, compensée par un activisme pro-anglais qu'elles croient rédempteur. C'est au fond une vue pétainiste : si l'Allemagne a vaincu la France en 1940, c'est qu'elle était meilleure que la France, qui s'était laissé aller à l'indolence des congés payés et avait manqué de sérieux. Une punition de l'Histoire, en quelque sorte.

L'élite regarde avec condescendance les Anciens, englués dans une vision franco-centrée du pays, selon elle, responsables de tous les « archaïsmes ». Les Anciens, quant à eux, constatent un usage incontrôlé de l'anglais dans la culture populaire et la langue de tous les jours, et ils s'inquiètent, non de la perte des domaines scientifiques et économiques, dont ils n'ont pas conscience, mais de la qualité de la langue. C'était déjà le combat d'Étiemble contre le franglais dans les années soixante. Les Anciens écrivent aux journaux et aux politiques pour leur reprocher leurs anglicismes ou leur usage public de l'anglais, mais les journalistes et les politiques, qui font naturellement partie de l'élite, n'en tiennent pas compte et se gaussent volontiers du « passéisme » des citoyens. L'Histoire et le Progrès sont de leur côté, pensent-ils. Les Anciens entendent parfois punir ceux qui se soumettent à l'anglais. C'est ainsi qu'est décerné chaque année le *Prix de la Carpette Anglaise* qui récompense « un membre des élites françaises qui [...] s'est distingué par son acharnement à promouvoir la domination de l'anglais en France et dans les institutions européennes au détriment de la langue française »[85]. Il est décerné par une parodique *Académie de la carpette anglaise*, créée par diverses associations de défense de la langue française et parrainée par des noms dont certains sont très connus.

Cette opposition entre Anciens et Modernes traverse une autre dichotomie particulièrement bien installée en France, celle de la gauche et de la droite. La gauche se comprend volontiers comme progressiste et voit avec suspicion la défense de la langue, qu'elle considère comme un avatar du nationalisme, une valeur droitière selon elle, qui se veut plus internationaliste. Rappelons que l'hymne de la gauche révolutionnaire est *L'internationale*, et que, dans le *Manifeste du parti communiste* (1848), Karl Marx et Friedrich Engels demandaient aux prolétaires de tous les pays de s'unir contre le capitalisme. Effectivement, dans les débats qui ont précédé le vote de la Loi Fioraso, en 2013, la presse de droite était nettement plus réceptive à nos arguments[86] que celle de gauche. Cependant, la droite n'est pas en reste en matière d'anglicisation, puisque ce sont les grandes entreprises, dirigées par une élite progressiste plutôt à droite, qui s'anglicisent. Pour ne pas être assimilés à la droite, les gens de gauche hésitent ainsi à entrer dans la défense du français et ils préfèrent militer pour le plurilinguisme[87]. On peut donc dire, pour simplifier, que les Modernes de gauche (ou ceux qui se reconnaissent dans les valeurs traditionnellement attribuées à la gauche, quel que

---

[85] https://fr.wikipedia.org/wiki/Acad%C3%A9mie_de_la_Carpette_anglaise
[86] L'*Observatoire européen du Plurilinguisme* a été interviewé de nombreuses fois par la presse à cette époque, et nous avons développé tout un argumentaire en faveur du plurilinguisme
[87] C'est la position de la plupart des militants du plurilinguisme que je connais.

soit leur bulletin de vote) anglicisent les universités et la recherche par internationalisme tandis que les Anciens militent pour le plurilinguisme ; les Modernes de droite (ou se reconnaissant dans une certaine culture de l'entreprise) anglicisent l'économie par soumission au dominant alors que les Anciens s'investissent dans la défense du français. A droite, on aura plutôt tendance à se replier sur des positions de défense puriste de la langue, qui sont alors ridiculisées à gauche. La gauche, quant à elle, se voit comme porteuse de modernité internationaliste, et considère la lutte contre l'anglais comme réactionnaire. Cependant, ni les Anciens, ni les Modernes, ni la gauche, ni la droite, n'ont de réelle compréhension de ce qui se passe, ce qui ne les empêche pas d'angliciser à tout va ou bien de lutter contre le phénomène de manière dispersée et inefficace.

Pourtant, il est urgent de porter le débat entamé par des militants[88] et des chercheurs sur la scène publique et politique dès maintenant, et cela avant que l'extrême-droite ait pris conscience des enjeux. Si jamais elle se rendait compte qu'il y a là un cheval de bataille possible, le débat risquerait fort de se focaliser sur des clivages politiques sans rapport avec les enjeux, et il se situerait rapidement à un niveau misérable, indigne du sujet.

Il est donc nécessaire de bien calibrer le débat et de préciser les enjeux. Tout d'abord, il faut se rendre compte que la question de la domination de l'anglais n'est pas à traiter au niveau politicien gauche / droite, mais au niveau politique plus général, en relation avec les autres pays, particulièrement ceux d'Europe, qui sont dans le même cas que nous, et même, pour la plupart, dans une situation pire encore. Il n'y a aucune chance que le français puisse se maintenir dans un environnement européen entièrement anglicisé. Il est donc du devoir de notre pays et de son intérêt bien compris de proposer des solutions où tous trouvent leur compte, y compris les anglophones, qui craignent pour la qualité de leur langue, désormais plus parlée par des non-natifs que des natifs, et parmi lesquels

---

[88] Comme ceux de certaines associations telles l'*Observatoire européen du plurilinguisme*.

beaucoup ne se réjouissent pas forcément de leur suprématie incontrôlée parce qu'ils se méfient de certaines caractéristiques réactionnaires de leur culture (et dont l'élection de Donald Trump en 2016 et le *Brexit* anglais sont des expressions).

Les emprunts et le purisme

Ensuite, il faut affirmer et réaffirmer que les emprunts à l'anglais et les anglicismes ne représentent pas de danger pour la langue française, même si certains usages sont effectivement irritants parce qu'on y perçoit la soumission, la veulerie, le conformisme, parfois le snobisme, au fond une forme de bêtise imposée à notre langue commune et que nous sommes dès lors appelés à partager. Il suffit de feuilleter la prose interne des entreprises (lorsqu'elle est encore en français) ou les magazines destinés aux jeunes femmes pour s'en rendre compte.

Il n'y a que les langues mortes qui n'empruntent pas, et si on voulait éliminer les emprunts de la langue française, on ne pourrait plus parler de pantalons (italien), de démocratie, d'électronique, d'air (grec), de thé (chinois), de boulevards, de mannequins (néerlandais), de paquebots, de redingotes (anglais), de café, d'oranges, de sucre, d'alcool, de chiffres, d'algèbre, d'algorithmes (arabe), etc. On ne pourrait même pas entreprendre le remplacement de ces mots par des racines françaises, parce qu'on aurait du mal à cerner ce qui est « purement » français. En outre, il faudrait un effort pédagogique intense et sur la durée, ce qui ne serait pas gérable. Non, une langue emprunte où elle le peut quand elle a besoin de nommer une nouvelle réalité. En fait un nouvel objet entre souvent dans la langue avec son nom étranger. Si le mot est utile, il s'intègre dans la langue, comme *football*, *penalty* ou *internet* ; sinon, il disparaît. Il existe aussi des emprunts phraséologiques, tels *faire le buzz, faire le job* mentionnés plus haut, ou *le crash de l'avion*, qui s'intègrent dans le lexique parce qu'ils viennent occuper une place vacante, augmentant ainsi la capacité expressive de la langue. Ainsi *il fait le job* n'a pas le même sens que *il fait le travail / le boulot* et signifie plutôt quelque chose comme *il convient pour ce travail et il le montre*. Idem pour *faire le buzz*, qui n'a pas le même sens que *créer la rumeur* : *rumeur* nécessite qu'on sache de quelle rumeur il s'agit ; *buzz* au contraire, dénomme tout ce qui est dit à propos d'une personne ou d'un événement, sans spécifier. Quant à *crash*, ce mot occupe la place qui devrait revenir à *écrasement*, difficile à utiliser dans un contexte aéronautique (*L'écrasement de l'avion ?*)

Faut-il condamner ces usages ? Non. La langue règlera la question d'elle-même en éliminant les emprunts inutiles, ceux qui ont été introduits dans la langue pour des raisons sociologiques ou psychologiques, et dont l'usage n'a pas besoin. Les langues ne sont jamais mises en danger par les emprunts, au contraire, elles s'enrichissent grâce à eux.

D'ailleurs il faut se souvenir que le français a été à l'origine de nombreux emprunts dans toutes les langues du monde. Il continue d'en inspirer, comme par exemple le mot *logistique*, à l'origine une construction savante à partir du grec, *logistikos,* avec d'abord un sens mathématique. Puis le mot est devenu un terme militaire dénommant l'organisation et l'acheminement de tout ce dont une armée a besoin, et de là il est passé dans la vie civile. Il a été emprunté par l'anglais, *logistics*, avec les mêmes sens. Il a été récemment introduit dans le domaine du transport routier avec le sens de stockage et d'acheminement, et il a été repris par de nombreuses langues ainsi qu'on peut le constater sur les camions qu'on rencontre sur les autoroutes européennes. Comme ce mot est le plus souvent utilisé sous sa forme anglaise, *logistics* (parfois faussement orthographié *logistic*), on pense qu'il s'agit d'un mot d'origine anglaise. Nullement. De plus, on ne l'utilise guère en anglais dans le domaine du transport routier, on dit plutôt *warehousing and forwarding*. Mais *logistics* commence à être utilisé également : une entreprise américaine de transport routier active en France s'appelle *XPO Logistics*.

Le mot *ordinateur* a été proposé en 1955 par Jacques Perret, professeur de philologie latine, à la direction française d'IBM, à leur demande. Cette entreprise était à la recherche d'un mot pour traduire *computer*, en mesure de différencier cette machine de *calculateur*, mot réservé aux premiers ordinateurs scientifiques. *Ordinateur* désignait à l'origine celui qui règle, qui met en ordre, également le régisseur d'un couvent[89]. En 1962, Philippe Dreyfus, un pionnier de l'informatique en France a construit le terme *informatique* pour *computer science*, un mot-valise créé à partir d'*information* et d'*électronique*. Selon certaines sources, il aurait repris un mot forgé en 1957 par l'ingénieur allemand Karl Steinbuch, *Informatik*[90]. Par la suite, *ordinateur* a été repris dans beaucoup de langues, notamment l'espagnol, et *informatique* est utilisé dans la plupart des langues du monde, y compris en anglais, *informatics*, avec un sens plus général que *computer science*.

Le purisme est inutile. Le véritable enjeu est celui de l'abandon de domaines scientifiques et économiques à l'anglais parce qu'il réduit à terme la capacité des locuteurs francophones à parler de leurs connaissances. Si la production scientifique, intellectuelle et artistique française se fait en anglais, les étrangers n'auront plus de raisons d'apprendre le français, les francophones africains passeront tôt ou tard à l'anglais, et le français sera une langue parmi d'autres, pas plus apprise que le polonais ou l'estonien, ce qui lui fera perdre son influence particulière dans la gestion des affaires du monde. La France conserve pour l'instant une place à part dans le concert des nations, celle de l'alternative à la culture et à la politique américaine, une place fondée dans l'histoire, la culture et la langue. Elle est reconnue au niveau international, et on en a eu une preuve flagrante en 2003 lorsque Dominique de Villepin a prononcé son discours à l'ONU dans lequel il manifestait l'opposition de la France à la guerre en Irak. Les pays opposés à cette guerre se sont alors joints à la position française. Cette place, il ne tient qu'à la France de la conserver. Pour cela, il faut maintenir le français comme langue capable de créer des connaissances et des biens, et adopter une ligne politique non alignée sur les États-Unis, courageuse et respectueuse des Droits de l'Homme. Pour mettre en place une telle politique, il ne

---

[89] Informations recueillies sur http://binaire.blog.lemonde.fr/2014/04/01/que-diriez-vous-dordinateur/ et dans le *Dictionnaire étymologique de la langue française*.
[90] Informations recueillies sur https://fr.wikipedia.org/wiki/Philippe_Dreyfus

sera même pas nécessaire d'engager le combat avec nos amis anglo-saxons, dont un grand nombre voient avec tristesse l'abandon de la langue française par ses locuteurs, et qui bien souvent comptent sur la culture française pour redynamiser la leur. C'est ainsi que la philosophie postmoderniste française a été utilisée par les jeunes générations de l'époque pour faire pièce à une tradition philosophique analytique en train de se scléroser.

La France a donc sa propre carte à jouer, mais elle doit le faire en concertation avec les autres pays, en ayant à cœur le développement de leurs langues. Le français n'a aucune chance de se développer au milieu de pays ayant abandonné leurs langues au profit de l'anglais, surtout si notre pays est perçu comme jouant sa propre carte au détriment des autres.

CHAPITRE 7

Quelles politiques linguistiques pour la France, l'Europe et le monde ?

Quelles politiques linguistiques imaginer qui puissent permettre le développement de la plupart des langues, le maintien de la diversité linguistique et de la créativité scientifique, et l'usage d'une *lingua franca* ?

Il faut pour commencer prendre conscience de la situation afin que le débat public puisse s'enclencher, ainsi qu'il a été vu plus haut. Le rôle des journalistes est à l'évidence majeur dans cette tâche. Ils pourront s'appuyer sur la recherche et sur des associations qui défendent le français, les langues et le plurilinguisme. Lorsque le débat commencera, il faudra se libérer de l'ignorance et des lieux communs et véritablement *penser* la place les langues dans la société, la recherche et l'économie, tenant compte de tous les paramètres, en particulier de ceux de la Francophonie, régulièrement négligés.

Voici maintenant un certain nombre de principes qui visent à développer le plurilinguisme[91], et qui pourraient guider l'action en France, mais aussi à l'étranger.

---

[91] Voir notamment les analyses et les propositions de l'*Observatoire Européen du Plurilinguisme* (http://www.observatoireplurilinguisme.eu), en particulier l'article

La langue maternelle

Les enfants doivent *a priori* être éduqués dans leur langue maternelle parce que c'est dans la sécurité linguistique qu'on a une meilleure chance de développer ses potentialités. Cependant, ce principe n'est pas absolu. Il ne doit être appliqué que dans le cas où leur communauté constitue un groupe structuré important dans une région donnée, qu'il soit minoritaire ou majoritaire, par exemple les Peuls au Sénégal, ou les Hongrois en Roumanie, dans les régions qu'ils occupent traditionnellement. Si une famille de la minorité hongroise en Roumanie déménage dans une région où les Hongrois sont peu nombreux, ils devront être éduqués en roumain afin de leur permettre une meilleure intégration. C'est le cas aussi des enfants d'immigrés en France et ailleurs : ils ne peuvent être éduqués dans leur langue parce que c'est l'intégration linguistique qui est la garante de leur adaptation au pays d'accueil et que de toute façon, les systèmes scolaires ne pourraient gérer l'extrême diversité linguistique de l'immigration. En revanche, l'école devra leur donner dès que possible la possibilité d'étudier leur langue maternelle (si elle est parlée dans les familles) ou de s'initier à leur langue patrimoniale (lorsqu'elle n'est pas utilisée dans les familles), que ce soit dans ses propres structures ou bien grâce à des accords avec des associations habilitées. C'est ainsi que si l'arabe ne peut être une langue d'alphabétisation en France, même si la communauté d'origine maghrébine est importante, les enfants devront avoir la possibilité de l'apprendre le plus tôt possible, en particulier sous sa forme écrite standard.

Dans le cas où la langue dispose déjà de l'appareil linguistique et pédagogique nécessaire, il suffit de l'utiliser après avoir vérifié que les contenus idéologiques correspondent à la loi du pays. Sinon, et c'est le cas des langues africaines, il faudra d'abord les créer (voir le chapitre 5).

En France, la possibilité de faire éduquer ses enfants dans leurs langues régionales doit être effective. Cela concerne l'alsacien, le

---

« Qu'est-ce que le plurilinguisme ? » par Christian Tremblay (2015), Président de l'association.

basque, le corse, le breton, les variétés d'occitan, le catalan, etc. Lorsque la langue régionale est une variété d'une langue utilisée ailleurs sous une forme standard, celle-ci doit être enseignée en même temps que la variété locale. C'est ainsi que les Alsaciens et les Catalans devraient apprendre aussi l'allemand et le catalan d'Espagne pour avoir accès à des langues porteuses d'une tradition littéraire et culturelle importante et capables d'enrichir la variété locale.

Les langues nationales

Un enfant qui ne parlerait pas la langue nationale du pays où il habite aurait peu de chance de développer ses potentialités et de vivre ensuite harmonieusement avec ses concitoyens. Dans le cas où la langue maternelle n'est pas la langue nationale, celle-ci doit être enseignée dès que les enfants sont alphabétisés dans leur langue maternelle, aussi rapidement que possible. Il serait cependant préférable d'enseigner les deux simultanément. Les classes seront alors bilingues.

Certains pays disposent de plusieurs langues officielles, par exemple la Suisse, qui en a quatre, où la Belgique, qui en a trois. En Belgique, une fois alphabétisés dans la langue de leur communauté géographique, à savoir le français, le néerlandais ou l'allemand, les enfants devraient bénéficier d'un enseignement bilingue introduisant le français ou le néerlandais, selon le cas. L'allemand serait appris par la suite en tant que langue étrangère prioritaire (le néerlandais pour les germanophones, qui apprennent déjà le français). Une telle politique linguistique aurait de bonnes chances d'apaiser les tensions séparatistes de ce pays après une ou deux générations.

D'autres pays affichent des langues officielles surtout pour des raisons politiques, par exemple l'Irlande ou la Tanzanie qui ont choisi le gaélique et le swahili pour marquer une sorte d'indépendance par rapport à l'anglais, la langue coloniale. Elles ne sont les langues maternelles que d'une minorité de la population. Il faudrait alors les traiter dans le cadre des langues régionales. Les gaélophones et les swahiliphones natifs devraient pouvoir être alphabétisés dans ces langues, et ensuite bénéficier d'un enseignement bilingue avec l'anglais. Imposer le gaélique et le swahili comme langue d'enseignement à des populations dont ce n'est pas la langue maternelle ne donnera pas de sécurité linguistique aux enfants et ne les ouvrira pas sur la totalité des connaissances comme le fait l'anglais. Tous les enfants devraient par la suite être initiés aux langues nationales, même s'il s'agit de fictions nationalistes.

Les langues étrangères

Une fois les langues maternelles et nationales assurées, on peut introduire les langues étrangères. Il faudra abandonner l'obsession pour l'anglais et adopter le plurilinguisme comme principe directeur, avantageux à la fois pour les individus et pour le pays. Il vaut mieux s'imprégner de plusieurs langues que d'une seule, et il vaut mieux pour un pays, disposer de locuteurs d'une grande variété de langues plutôt que d'une seule, ne serait-ce que pour des raisons commerciales : pour vendre à l'étranger, il vaut mieux s'adresser aux clients dans leur langue.

Mais quelles langues choisir ? C'est l'histoire, les habitudes culturelles et les projets d'avenir qui vont déterminer les choix. Par exemple, en Europe, nous avons une histoire commune et des projets d'avenir. L'usage exclusif de l'anglais ne donne pas un accès approfondi aux cultures européennes. Pour introduire le plurilinguisme, il y a plusieurs possibilités, une des meilleures étant sans doute le développement de l'intercompréhension entre langues voisines (IC). Elle repose sur la constatation qu'il est plus facile de comprendre une langue qui appartient à la famille de celles qu'on parle déjà plutôt qu'une autre. L'espagnol est plus facile à comprendre que le bulgare pour un francophone. Des expériences ont montré qu'un francophone peut apprendre à *comprendre* les autres langues latines (espagnol, italien, portugais, roumain, catalan) en une centaine d'heures. Dans un groupe de personnes formées à l'IC, on peut ainsi *parler* sa langue et être *compris* par les autres. Or il se trouve qu'en Europe la plupart des langues nationales appartiennent à trois familles linguistiques : les langues latines (français, italien, espagnol, portugais, roumain), les langues germaniques (allemand, anglais, néerlandais, danois, suédois, norvégien, islandais), les langues slaves (russe, polonais, bulgare, macédonien, tchèque, slovaque, slovène, serbe, ukrainien, biélorusse). Les autres langues sont des isolats comme le grec, l'albanais, le maltais[92], le hongrois, ou bien des couples singuliers comme le finnois et l'estonien, ou le lituanien et le letton.

Pour que les Européens soient capables de se comprendre entre eux, il suffit qu'ils apprennent une langue des deux ou trois familles qui ne sont pas celles de leur langue nationale, et s'initient ensuite à l'intercompréhension. Ainsi, un jeune Français devrait apprendre une langue germanique et une langue slave, et travailler ensuite les techniques de l'intercompréhension.

Dans le cas de la France, quelles langues germaniques et slaves faudrait-il apprendre ? Au fond, n'importe lesquelles. *A priori*, il serait plus pratique, dans un premier temps, d'enseigner l'allemand, l'anglais et le russe parce que l'école dispose d'enseignants qualifiés dans ces langues. Mais à terme des pays dont la langue est peu apprise à l'étranger, comme le Danemark ou la Bulgarie, pourraient être invités à investir dans les écoles de certaines régions ou de certaines villes, où ils pourraient proposer des enseignants de leurs langues, puis des bourses d'études universitaires. Les langues latines ne seraient pas oubliées. On pourrait les enseigner en LV3, et dans certains cas en LV1 ou LV2, en particulier l'italien et l'espagnol dans les régions limitrophes de ces pays. La langue slave ou germanique remplacée pourrait alors passer en LV3. En outre, les enseignants de ces langues pourraient prendre en charge l'enseignement de l'intercompréhension des langues latines. D'autres combinaisons de langues sont naturellement possibles, il ne s'agit que de quelques idées pour montrer qu'on peut concevoir des alternatives à la situation actuelle caractérisée par une monoculture de l'anglais en LV1 et la domination de l'espagnol en LV2.

---

[92] Le maltais n'est un isolat qu'en Europe : c'est une langue à substrat sémitique, proche de l'arabe.

Les besoins en *lingua franca* seraient alors singulièrement réduits, et l'exclusivité anglaise remplacée par une variété de langues et de cultures qui pourrait donner à notre continent, à l'horizon de deux générations, une cohésion multilingue et pluriculturelle qui manque cruellement à l'heure actuelle.

L'anglais

Aura-t-on encore besoin de l'anglais en tant que *lingua franca* ? Sans aucun doute, parce que l'anglais est utilisé partout dans le monde et qu'une *lingua franca* universelle est évidemment fort utile. A noter que dans le cadre de l'intercompréhension, tous les enfants auront été formés à l'anglais, que ce soit en tant que langue germanique apprise ou bien en tant que langue seulement comprise grâce à l'IC. Ensuite, ceux qui ont des besoins professionnels précis pourront approfondir leur connaissance de cette langue.

Les langues anciennes

Les langues anciennes ont longtemps été des marqueurs de classe sociale. Les lycées dits classiques, qui accueillaient les enfants de la bourgeoisie, les mettaient à leurs programmes, tandis que les établissements dits modernes, qui accueillaient les enfants des classes populaires les ignoraient. Entre-temps, les langues anciennes ont cessé de jouer ce rôle de distinction sociale, et leur enseignement s'est restreint drastiquement. Ce sont cependant les langues des fondements de notre culture et il serait bon qu'elles soient pérennisées dans la société. C'est pourquoi, il faudrait que tous les établissements scolaires ouvrent des classes optionnelles où les élèves intéressés pourraient apprendre le latin, le grec, et pourquoi pas l'hébreu biblique ou l'arabe médiéval ? Ces langues étaient apprises par les clercs du Moyen Âge et elles ont eu un impact considérable sur notre langue et notre culture.

L'université et la recherche

Les jeunes arriveront alors à l'université avec au minimum une bonne maîtrise de leurs langues maternelles et nationales, plus deux langues étrangères et une certaine maîtrise de l'intercompréhension. Les universités de chaque pays devront enseigner dans leurs langues nationales et dans un choix d'autres langues, selon leurs besoins et leurs traditions culturelles et historiques. Elles pourront aussi inciter les étudiants à faire une partie de leurs études dans un autre pays. Leur choix ne sera pas limité à des cursus en anglais, comme maintenant : ils pourront profiter des cours dans une grande variété de langues puisqu'ils les comprendront grâce à l'IC. Un séjour sur place leur permettra ensuite d'apprendre à les parler et à les écrire.

Quant à la recherche, elle pourra se faire dans les langues nationales ou dans d'autres langues. Les publications pourront se faire dans un choix de langues avec des résumés dans des *lingua franca*, parmi lesquelles l'anglais. On pourra aussi publier dans des revues anglophones à destination du monde extra-européen, peut-être dans un second temps, et seulement les travaux majeurs et de bonne qualité. Cela réduira peut-être l'inflation de travaux insipides et sans intérêt qui encombrent les revues à l'heure actuelle en raison de l'emprise universelle de la maxime *publish or perish*, qui favorise plutôt la quantité que la qualité des articles publiés.

Beaucoup de langues nationales en Europe sont ou ont été des langues scientifiques, susceptibles de dire toutes les connaissances dans tous les domaines. Nombre d'entre elles ont abandonné cette richesse à l'anglais, mais pourraient, au prix d'un effort, être revivifiées par l'usage. Celles qui n'ont jamais disposé de cette capacité, comme le finnois ou le norvégien, pourraient être développées en langues scientifiques, ou alors, si leurs locuteurs ne souhaitent pas fournir cet effort, ils pourraient continuer à utiliser l'anglais dans la recherche, ou une autre langue. Parmi les langues africaines, aucune n'est scientifique, et leur arrivée sur la scène des connaissances universelles va dépendre de leur usage dans les universités et la recherche.

Et en attendant…

Les principes décrits ci-dessus concernent l'avenir. En attendant, il faudrait prendre rapidement certaines mesures dans l'enseignement secondaire et supérieur, et dans la recherche.

Dans le secondaire, il faudrait diversifier l'offre en langues au lieu de se cantonner à l'anglais LV1 et l'espagnol LV2 (sauf en Alsace, où l'allemand reste majoritaire). Il faudrait former plus d'enseignants de russe, d'italien, de portugais, d'arabe, de chinois, de néerlandais, de japonais, de langues scandinaves et slaves, et les mettre à la disposition des établissements scolaires, ce qui donnerait un véritable choix aux parents. On pourrait marquer les esprits en reléguant l'anglais en LV2, voire en LV3. Il faudrait aussi progressivement former tous les enseignants de langue aux techniques de l'intercompréhension. Ces mesures doivent être prises en concertation avec les autres pays européen

Il y aurait aussi des changements à faire dans le domaine de la pédagogie et de l'évaluation, mais qui ne sont pas spécifiques aux langues. L'école est un lieu cruel pour ceux qui ne s'adaptent pas à son fonctionnement. Les élèves se retrouvent vite étiquetés, et ceux dont l'étiquette n'est pas flatteuse sont alors l'objet d'une attention intrusive et pénalisante de l'école, qui met en place des systèmes de remédiation, et en cas d'échec, de relégation dans des classes adaptées du genre SEGPA (Sections d'enseignement général et professionnel adapté) ou des IMP (Instituts médico-pédagogiques). Cela part d'un bon sentiment, mais aboutit à installer dans l'esprit de ces élèves la notion de leur échec irrémédiable, alors que bien souvent, les difficultés ne sont que passagères et se résorbent rapidement. Mais d'une manière générale, il faudrait aussi accepter les différentiels d'aptitudes entre les élèves et donner à chacun ce qui peut l'enrichir, et non ce qui correspond aux normes telles qu'imposées par l'évaluation[93] et les programmes. Les enfants doivent être reconnus en classe pour ce qu'ils sont, et non pour ce

---

[93] Ce n'est pas lieu de traiter ici les questions d'évaluation. Le lecteur pourra se reporter à d'autres travaux tels que Frath 2012, Perrenoud 1989, Bernstein 1975, 1997, Antibi 2003, etc.

qu'ils devraient être dans un monde idéal. Ils ne sont pas tous destinés à entrer à l'École Polytechnique. Si la stigmatisation cesse, on peut supposer que le désir d'apprendre sera plus affirmé, et l'école sera moins minée par les stratégies de moindre effort et de triche qui handicapent lourdement l'apprentissage et démoralisent les enseignants, d'autant plus que ces comportements ne sont guère reconnus par l'institution, qui considère les élèves comme une quantité abstraite dont l'échec éventuel est dû à des manquements pédagogiques. Il existe des méthodes pédagogiques mieux adaptées à l'intelligence et à la sensibilité des élèves, moins centrées sur l'évaluation, telles que celles de Freinet, Montessori ou Steiner. Il suffit de s'en inspirer.

L'enseignement des langues a ceci de particulier que leur apprentissage se construit comme un mur, sur des fondations puis par couches successives de briques. C'est très différent en histoire, en géographie, ou même en mathématiques, où les élèves ne sont pas condamnés d'une année sur l'autre : ils peuvent très bien réussir là où ils ont échoué jusqu'ici parce que le nouveau programme les intéresse, parce qu'ils apprécient leur nouvel enseignant, ou, tout simplement, parce qu'ils ont surmonté une crise personnelle passagère : maladie, dépression, divorce des parents, naissance d'un petit frère ou d'une petite sœur, deuil dans la famille, etc. Dans les langues, un élève ayant échoué en 6ème a peu de chances de remonter la pente les années suivantes. C'est pourquoi, plutôt que de s'acharner à enseigner une langue à des élèves dont on sait qu'ils vont échouer, il faudrait mettre en place des années de rattrapage, ou bien leur donner la possibilité d'en apprendre une autre, dans l'espoir qu'elle leur conviendra mieux.

Dans les universités et les grandes écoles, l'enseignement en anglais devra être strictement encadré. Les colloques ne pourront plus se tenir exclusivement en anglais ; les projets de recherche et les rapports devront être écrits en français, éventuellement traduits. Il faudra relancer les revues scientifiques en français[94]. On pourra

---

[94] L'Agence Universitaire de la Francophonie (AUF) publie ou soutient des ouvrages et des collections dans de nombreux domaines scientifiques. C'est un

continuer à publier en anglais, non exclusivement, mais prioritairement dans des journaux contrôlés par l'Europe et non par les seuls anglo-saxons. Il faudra se libérer des indices statistiques anglo-saxons tels que l'*impact factor* et le *citation index*, et ignorer totalement les classements internationaux de type Shanghai qui prennent peu en compte les publications en d'autres langues que l'anglais. Une telle politique entraînera bien sûr quelques difficultés dans la communication internationale à court terme, mais rien qui ne puisse être compensé par un développement de la traduction. Et de toute façon, l'anglais pourra continuer de jouer son rôle de *lingua franca*, étant entendu qu'elle ne doit en aucun cas *remplacer* les langues locales.

Les questions d'éducation et de recherche sont primordiales car elles façonnent le monde à venir et elles influent grandement sur l'intérêt des étrangers pour les langues et cultures. C'est donc là que devront porter en priorité les efforts des législateurs et des citoyens.

exemple de ce qu'il faudrait faire à grande échelle (https://www.auf.org/).

CONCLUSION

Il semble que l'humanité soit sur la voie de l'adoption d'une *lingua franca* globale. Grâce à l'anglais, la communication est désormais possible avec l'ensemble des peuples de la terre, quelles que soient leurs langues et leurs cultures. Jusqu'ici la domination de langues comme le latin, le grec, le français, l'espagnol n'avait concerné que des zones géographiques limitées. C'est la première fois dans l'histoire que se dessine la suprématie d'une langue à l'échelle mondiale. Les raisons en sont multiples. On avance généralement la globalisation de l'économie ; l'extension des moyens de communication et le faible coût des transports ; la défaite de l'empire soviétique et la disparition des empires coloniaux ; le poids démographique des pays anglo-saxons et la domination économique du plus puissant d'entre eux, les USA ; les politiques de conquête parfois agressives du *soft power* par les Etats-Unis, ainsi que les guerres qu'ils ont menées pour imposer une vision libérale de l'économie et des rapports sociaux ; etc.

Il est sûr que tous ces facteurs ont joué un rôle dans la domination mondiale de la langue anglaise, mais par quel mécanisme ? Qu'est-ce qui se passe dans la tête des locuteurs qui les amène à abandonner leur langue ? Comme on dit en anglais, « it takes two to tango » (il faut être deux pour danser le tango) : la domination des uns n'est possible que s'il y a soumission des autres. Elle peut être brutale, en temps de guerre par exemple, et dans ce cas, une soumission initiale contrainte et forcée peut se transformer en résistance. Mais en ce qui concerne l'anglais, il s'agit plutôt d'une domination en douceur, sans violence, qui engendre l'accord des soumis. C'est ce phénomène de soumission qui a été étudié dans ce livre.

On a d'abord montré que l'abandon de langues par leurs locuteurs est un phénomène banal qui s'est répété de nombreuses fois dans l'histoire sans qu'on ait le sentiment que le bien-être des populations concernées en ait été forcément diminué : les Alsaciens ne se portent pas plus mal qu'avant l'abandon de leur langue ancestrale ; l'économie de la Gaule s'est considérablement développée après la conquête par Jules César, la population profitant de la *pax romana* qui mit fin aux incessantes luttes entre les tribus gauloises ; le niveau de vie des Africains francisés est certainement meilleur que celui de leurs arrière-grands-parents ; etc.

On s'est ensuite penché sur les raisons anthropologiques à l'arrière-plan des abandons de langue. On y perçoit le désir d'intégration à une autre culture ressentie comme prestigieuse, l'espoir d'une vie meilleure, en particulier pour les enfants, et l'acceptation d'une éducation dans la langue conquérante qui a pour effet de rompre la chaîne familiale de la transmission des langues patrimoniales. Cette rupture est d'abord assumée, puis regrettée lorsqu'il devient évident que la langue ancestrale est moribonde. La langue conquérante est alors blâmée par les locuteurs de la langue perdue, ce qui peut mener à des revendications identitaires, souvent exprimées d'ailleurs dans la langue conquérante (c'est le cas en Alsace par exemple). Les choses ne sont pas simples…

La soumission repose ainsi sur des motivations individuelles positives : elle n'est pas ressentie comme le résultat d'un rapport de force mais plutôt comme un choix délibéré qui aboutit effectivement, bien souvent, à une vie meilleure par intégration à la culture dominante. Ce fut mon cas : je n'aurais sans doute pas fait de carrière universitaire si je n'avais bénéficié que d'une éducation en alsacien. C'est le français qui m'a donné accès aux savoirs qu'il a accumulés, et c'est l'université française qui m'a ensuite embauché comme enseignant-chercheur pour contribuer à la production de connaissances par la recherche et pour les transmettre aux jeunes générations par l'enseignement.

Ai-je le sentiment de m'être soumis ? Nullement. Ai-je l'impression d'avoir été dominé ? Non plus. Pas plus sans doute que les Gaulois lorsqu'ils ont adopté la langue et les coutumes des Romains, auxquelles ils ont par la suite puissamment contribué. Pas plus non plus que les chercheurs anglicisés qui font le choix de l'anglais et des problématiques américaines, et qui espèrent trouver leur place dans la recherche aux Etats-Unis, ou du moins y être reconnus. Il n'en demeure pas moins que dans tous ces cas, nous avons été pris dans des situations historiques qui ont déclenché des réactions ancrées dans notre être anthropologique, et dont le succès nous a confortés dans nos comportements.

Tout est pour le mieux dans le meilleur des mondes, se dit peut-être le lecteur. Il n'y a qu'à laisser les choses suivre leur cours « naturel », et d'ailleurs c'est ce que disent nombre de chercheurs, notamment anglo-saxons[95]. C'est effectivement cette voie que nous suivrons collectivement si rien n'est fait.

Mais peut-on faire quelque chose ? Sans doute. L'histoire n'est pas déterministe, et en dernière analyse, ce sont les actions individuelles et collectives qui font l'histoire. Sans Jules César, la Gaule n'aurait peut-être pas été conquise par les Romains, et peut-être qu'alors une civilisation celtique aurait pu se développer et prospérer dans cette région. Si Hitler était mort en bas âge, ou s'il avait été admis à l'Académie de peinture de Vienne à laquelle il postulait, ce qui aurait comblé son ambition, la seconde guerre mondiale n'aurait peut-être pas eu lieu, ou pas sous cette forme sanguinaire. Si en 1863 le Parlement finlandais n'avait pas adopté le finnois comme langue nationale, à égalité avec le suédois, cette langue aurait sans doute périclité, comme celle des Sami au nord du pays. Il y a de la marge pour les initiatives personnelles et collectives.

---

[95] Voir par exemple Riley, 2015, « 'More languages means more English': Language death, linguistic sentimentalism and English as a *lingua franca* ».

Anthropologie de l'anglicisation

Mais alors que faut-il faire ? S'il est vrai qu'il n'est pas nécessaire de faire de grands efforts pour sauver une langue que ses locuteurs ont abandonnée, cela vaut la peine d'agir dans le cas de langues patrimoniales encore parlées, et cela pour deux raisons. La première est que l'alphabétisation des enfants dans leur langue maternelle représente un gain pédagogique considérable ; la seconde est que chaque langue voit le monde à sa manière, et que cette diversité enrichit l'humanité. Cela ne veut pas dire qu'il ne faille enseigner que la langue maternelle : les enfants ont aussi besoin d'apprendre une langue universelle qui les ouvre sur la totalité des connaissances, et aussi, bien souvent, une langue nationale qui cimente le pays, sans parler des langues étrangères. Dans tous les cas, les politiques linguistiques doivent tenir compte des situations locales.

Pour ce qui est des langues universelles comme le français et l'allemand, qui donnent accès à l'ensemble des connaissances, pourquoi les abandonner au profit d'une autre ? Pourquoi ne pas travailler et publier dans la langue universelle locale en plus de la *lingua franca*, et dans d'autres langues. C'est dans cet abandon-là que réside la perte la plus importante, et pas seulement pour les locuteurs de la langue universelle en déshérence. L'humanité a là aussi, et peut-être surtout, besoin de diversité : si la recherche se fait exclusivement en anglais, le monde perdra les traditions scientifiques accumulées dans les autres langues. Si les chercheurs anglicisés travaillent sur des problématiques américaines en plus de leurs propres traditions et de celles de peuples parlant d'autres langues encore, le gain sera considérable ; dans le cas contraire, si le phénomène se généralise, c'est une perte globale qui se dessine.

Quant aux nombreuses langues bien installées sur des aires géographiques limitées, mais sans tradition scientifique, il ne tient qu'à leurs locuteurs de les transformer en langues universelles en les utilisant dans la recherche en plus de langues universelles.

Pour résumer, le laisser-faire signifie la disparition de milliers de langues patrimoniales à l'horizon de deux ou trois générations ainsi que la fin de l'universalité des langues autres que l'anglais. D'un autre côté, instaurer un droit à la langue principiel et abstrait peut générer toutes sortes de dérives nationalistes. Il faut être pragmatique et garder à l'esprit les deux raisons principales pour sauvegarder autant de langues que possible et développer le plurilinguisme, à savoir le bien-être cognitif des enfants et la diversité culturelle de l'humanité.

RÉFÉRENCES BIBLIOGRAPHIQUES

Antibi André, 2003, *La constante macabre*, Toulouse, édition Math'Adore.

Bernstein Basil (1975), *Class, codes and control: vol. III London*, Routledge.

Bernstein Basil (1997), "Class and pedagogies: visible and invisible", in *Culture economy and society*, Halsey A.H., Lauder H., Brown P., Stuart Wells A., Oxford University Press inc., p. 59-79.

Bickerton Derek, 1997, « Les langues créoles », in *Pour la Science*, dossier hors série, octobre 1997, pp. 100-107

Bracho-Riquelme, Rodolfo L., Nazario Pescador-Salas & Miguel Arturo Reyes-Romero, 1999, "The change from French to English and its effect upon the impact factor and ranking of the Pasteur journals". *Journal of Information Science* 25(5). 413–417.

Burgess Anthony, *Enderby outside,* Penguin, 1982, p. 224

Cabau Béatrice, 2014, « Échos nordiques : l'anglais dans l'enseignement supérieur », in *Les Langues Modernes n°1/2014*, dir. P. Frath.

Calvet Louis-Jean, « Mondialisation, langues et politiques linguistiques », texte trouvé sur le site du *Gerflint (Groupe d'études et de recherches pour le français langue internationale)*, sans mention de date, http://gerflint.fr/Base/Chili1/Calvet.pdf.

Anthropologie de l'anglicisation

Chomsky Noam, 1957, *Syntactic Structures*, Mouton & Co, La Haye

Comrie Bernard & Stephen Matthews, 2004, *Atlas des langues. L'origine et le développement des langues dans le monde.*

Dakhlia Jocelyne, 2008, *Lingua Franca, Histoire d'une langue métisse en Méditerranée.* Actes Sud.

Demoule Jean-Paul, 2014, *Mais où sont passés les Indo-Européens ?* Seuil, Paris.

Étiemble, 1964, *Parlez-vous franglais ?* Gallimard. Paris.

Frath Pierre, 2018, « Une classification gnoséologique des langues au service de la politique linguistique », in *Revue Repères-Dorif n°17 Autour du français: langues, cultures et plurilinguisme : « Diversité linguistique, progrès scientifique, développement durable »*, coord. Giovanni Agresti.

Frath Pierre 2016, « Publish rubbish or perish. De l'uniformité et du conformisme dans les sciences humaines ». In *Mélanges du Crapel n°37*. Coord. P. Candas.

Frath, Pierre 2015 : « Dénomination référentielle, désignation, nomination », in *Langue française n° 188 (4/2015): Stabilité et instabilité dans la production du sens : la nomination en discours, pages 33-46*. Coord. Julien Longhi. Voir http://www.revues.armand-colin.com/lettres-langues/langue-francaise/langue-francaise-ndeg-188-42015

Frath Pierre, 2014, « Anthropologie de l'anglicisation de l'université et de la recherche ». In „Philologica Jassyensia", Anul X, Nr. 1 (19), 2014, p. 251-264, Iasi, Roumanie.

Frath Pierre, 2012, "Can Illiteracy be Eradicated?". In *Education Today. Volume 62, Number 4, Winter 2012, pp 3-8*. The Quartely Journal of the College of Teachers, London.

Frath Pierre 2011, « L'enseignement et la recherche doivent continuer de se faire en français dans les universités francophones ». Publié sur les sites de l'*Association des Professeurs de Langues Vivantes* (http://www.aplv-languesmodernes.org/) et de l'*Observatoire Européen du Plurilinguisme* (www.observatoireplurilinguisme.eu/). Également dans l'*Atelier du roman*, 2012, Flammarion, Paris.

Frath 2010 : « Disparition des langues : le français subira-t-il le sort de l'alsacien ? ». In *Parole(s) et langue(s), espace et temps. Mélanges offerts à Arlette Bothorel-Witz.* Coords. D. Huck & T. Choremi, pp. 233-240, Université de Strasbourg.

Gazzola Michele, 2017, « Les classements des universités et les indicateurs bibliométriques: Quels effets sur le multilinguisme dans l'enseignement et la recherche? », in Le Lièvre, Françoise, Mathilde Anquetil, Lisbeth Verstraete-Hansen, Christiane Fäcke, and Martine Derivry (eds.), *Langues et cultures dans l'internationalisation de l'enseignement supérieur - Languages and cultures in the internationalization of higher education,* Bern/Berlin: Peter Lang.

Gazzola Michele, 2012, «The linguistic implications of academic performance indicators: general trends and case study », *International Journal of the Sociology of Language, n. 216, p. 131-156, (2012).*

Goebl Hans, 2009, „English only und die Romanistik – ein Aufschrei", in *Semiotische Weltmodelle: Kultur - Sprache - Literatur -Wissenschaft. Festschrift für Eckhard Höfner zum 65.Geburtstag.* Eds. Hartmut Schröder/Roland Posner, Berlin: LIT Verlag, 2009 (Reihe „Semiotik der Kultur") 190-214.

Guidère Mathieu, 2013, *Le printemps islamiste : Démocratie et Charia,* Ellipses, pp. 207-209.

Guidère Mathieu, 2014, *Sexe et charia,* Éditions du Rocher.

Guillaume Astrid, 2010, « Diachronie et Synchronie : Passerelles (étymo)logiques. La dynamique des savoirs millénaires », in *Etymologiques, Histoires de mots, Histoire des mots,* dir. Yannick Le Boulicaut, Cahiers du CIRHILL, n°33, série Interculturalité, L'Harmattan, 2010, pp.13-23. En ligne, sur *Texto !, revue électronique de l'Institut Ferdinand de Saussure,* dir. François Rastier, coordonné par Carine Duteil-Mougel, rubrique «Repères pour l'étude », Volume XV - n°2 (2010). http://www.revue-texto.net/index.php?id=2557

Hagège Claude, 2013, *Contre la pensée unique,* Éditions Odile Jacob, Paris.

Hagège Claude, 2006, *Combat pour le français : au nom de la diversité des langues et des cultures.* Éditions Odile Jacob, Paris.

Hagège Claude, 2001, *Halte à la mort des langues*, Éditions Odile Jacob, Paris.

Hauser M., Chomsky N. & Fitch T., 2002, "The Faculty of Language: What Is It, Who Has It, and How Did It Evolve?", in *Science* Vol. 298, 22 November 2002, 1569-1579.

Héritier Françoise, 1977, « L'identité samo », dans *L'identité*, C. Lévi-Strauss, coord. Grasset.

Herreras José-Carlos, 2016, « Droits linguistiques et contexte historique en Catalogne », in *« Droits linguistiques » et « droit à la langue ». Identification d'un objet d'étude et construction d'une approche.* Actes du colloque international de Strasbourg, 25-26 septembre 2014, sous la direction de Ghislain Potriquet, de Dominique Huck et de Claude Truchot. Lambert-Lucas.

Huang Chongling et Schneider-Mizony Odile, 2014, « L'anglicisation universitaire de l'Allemagne, vue de Chine », in *Les Langues Modernes n°1/2014*, dir. P. Frath.

Kelly Paul, Pelli-Ehrensberger Annabarbara & Studer Patrick (2009) : *Mehrsprachigkeit an universitären Bildungsinstitutionen: Arbeitssprache im Hochschulfachunterricht.* ISBB Working Papers. ZHAW Zürcher Hochschule für Angewandte Wissenschaften.

Lafforgue Laurent, 2005, « Le français, au service des langues ». In *Pour la science, n° 329, mars 2005* ; également dans In *Plurilinguisme et créativité scientifique.* Collection Plurilinguisme dirigée par l'Observatoire Européen du Plurilinguisme, coord. P. Frath & J. C. Herrera. The BookEdition.com, 2016.

Lebart, L. & Salem, A. (1994). *Statistique Textuelle*, Dunod, 344 p.

Lévy Paul, 1929 : *Histoire linguistique d'Alsace et de Lorraine*, tome 1. Les Belles Lettres, Paris.

Lévy Paul, 1954, « Structure du parler judéo-alsacien », *Revue trimestrielle du FSJU-Strasbourg, Octobre 1954, N°9 3ème année.*

Lévy-Leblond Jean-Marc, 2016, « La science au défi de la langue », In *Plurilinguisme et créativité scientifique.* Collection Plurilinguisme dirigée par l'Observatoire Européen du Plurilinguisme, coord. P. Frath & J. C. Herrera.The BookEdition.com

Lévy-Leblond Jean-Marc, 2006, « La science est-elle universelle ? », in *La vitesse de l'ombre (Aux limites de la science)*, Seuil.

Memmi Albert, 1957, 1985, *Portrait du colonisé. Portrait du colonisateur.* Gallimard.

Piémont Paul, 1981, *L'origine des frontières linguistique en occident.* Publié par l'auteur, Strasbourg

Perrenoud Philippe, 1989, La triple fabrication de l'échec scolaire. In *Psychologie française*, n° 34/4, 1989, pp. 237-245. Repris in Pierre Humbert, B. (dir.) *L'échec à l'école : échec de l'école*, Paris, Delachaux et Niestlé, 1992, pp. 85-102.

Raimondi Gianmario, 2016, « Langues régionales italiennes, entre identités locales et droits linguistiques », in *« Droits linguistiques » et « droit à la langue ». Identification d'un objet d'étude et construction d'une approche.* Actes du colloque international de Strasbourg, 25-26 septembre 2014, sous la direction de Ghislain Potriquet, de Dominique Huck et de Claude Truchot. Lambert-Lucas.

Reinbothe Roswitha, 2014, „Der Rückgang des Deutschen als internationale Wissenschaftssprache", in *Wissenschaftssprache Deutsch – international, interdisziplinär, interkulturell, S. 81-94*, Hrsg.: Michael Szurawitzki, Ines Busch-Lauer, Paul Rössler und Reinhard Krapp, Narr Verlag, Tübingen.

Reinbothe Roswitha, 2011, „Geschichte des Deutschen als Wissenschaftssprache im 20. Jahrhundert". In: Eins, Wieland/Glück, Helmut/Pretscher, Sabine (2011) (Hrsg.): *Wissen schaffen – Wissen kommunizieren.*

Wissenschaftssprachen in Geschichte und Gegenwart. Wiesbaden: Harrassowitz, S. 49-66.

Riley Philip, 2015, « 'More languages means more English' : Language death, linguistic sentimentalism and English as a *lingua franca* », in *De l'idéologie monolingue à la doxa plurilingue : regards pluridisciplinaires*, Hervé Adami & Virginie André (éds). Peter Lang, Bern.

Salem André, 1984, « La typologie des segments répétés dans un corpus, fondée sur l'analyse d'un tableau croisant mots et textes », in *Les cahiers de l'analyse des données*, Vol. IX, n°4, p 489-500.

Shapiro Gisèle (dir), 2009, *Les contradictions de la globalisation éditoriale*, Editions Nouveau Monde

Shapiro Gisèle (dir), 2009, *L'espace intellectuel en Europe, de la formation des États-nations à la mondialisation*, La Découverte.

Tremblay Christian, 2015, « Qu'est-ce que le plurilinguisme ? » *Bulletin européen des sciences sociales, Vol. 12,* L'Harmattan : Paris.

Truchot Claude, 2014, « Pour une alternative à l'anglicisation : des politiques linguistiques universitaires. Le cas de l'Allemagne », in *Les Langues Modernes n°1/2014*, dir. P. Frath.

Truchot Claude, 2011, « L'enseignement en anglais abaisse le niveau des formations », *La recherche*, n° 453, p.82, http://www.larecherche.fr/idees/grand-debat/enseignement-anglais-abaisse-niveau-formations-01-06-2011-77376

Urban Michel Paul, 2015, *Les langage humain et ses origines.* L'Harmattan : Paris.

Valentin Jean-Michel, 2010, *Hollywood, le Pentagone et Washington, Les trois acteurs d'une stratégie globale,* Autrement.

Les Langues Modernes n°1/2014, *L'anglicisation des formations dans l'enseignement supérieur,* coord. P. Frath, APLV, 19 rue de la Glacière, Paris (XIIIe).

Dépôt légal : novembre 2019
Impression à la demande : Lulu Press, Inc. Raleigh (NC-USA)
http://www.lulu.com